PRÊTS PERSONNELS

Tableaux des rembousements mensuels

Transaction

Édition:
Guides Financiers Transaction

Programme:
Charles Brault

Distribution:
Tél.: (514) 641-2387

Dépôt légal :
Bibliothèque nationale du Canada
Bibliothèque nationale du Québec
4e trimestre 1985

ISBN: 2-89074-210-5

Imprimé au Canada

Comment utiliser les tableaux :

Les tableaux de ce livre indiquent les **remboursements mensuels** à effectuer pour **amortir un prêt personnel** avec **intérêts composés**, selon la méthode utilisée par la plupart des banques.

L'utilisation de la méthode à intérêts composés est basée, pour le calcul de l'intérêt, sur des périodes de temps fixes, même si ces périodes varient entre chaque paiement.

Ce petit guide peut vous aider lorsque vous voulez trouver le montant à débourser, mensuellement, lors du **remboursement d'un prêt personnel.**

La méthode employée, pour trouver le paiement requis pour rembourser mensuellement votre prêt personnel est d'une grande simplicité. Il vous suffit de chercher, à l'aide des tableaux basés sur les pourcentages d'intérêts, le montant dû mensuellement, selon la durée du prêt (en mois ou en années).

Ainsi, si vous voulez connaître, sur un montant de 1 000 $, pour une durée de prêt de 12 mois (1 an), le paiement requis pour rembourser mensuellement votre prêt personnel, à un taux d'intérêt de 14 %, il vous suffit de chercher dans le tableau des

COMMENT
UTILISER
LES TABLEAUX

«14%» la ligne horizontale marquée «MONTANT». À l'endroit où elle rencontrera, dans les colonnes qui indiquent «la durée du prêt», celle marquée 12 mois (1 an) vous aurez le montant du paiement correspondant, soit 89,79 $.

Les taux sont disponibles entre 6 et 21% avec une précision de $\frac{1}{4}$, alors que de 5 à 6 % et de 21 à 25%, ils sont divisés en $\frac{1}{2}$. De 25 à 30%, seuls les entiers sont considérés.

Les montants débutent à 500 $ et se rendent, par tranches de 1000 $, jusqu'à 10000 $, puis, par tranches de 5000 $, jusqu'à 50000 $ et enfin, par tranches de 10000 $, jusqu'à 100000 $.

Pour calculer un paiement qui n'apparaît pas dans les tableaux, il suffit d'utiliser certains des montants pour arriver à composer le chiffre recherché.

Prenons, par exemple, un montant de 17500 $, à un taux d'intérêt de 14% pour une durée de 5 ans. Il suffit d'additionner le montant dû pour 15000 $ avec les montants dus pour 2000 $ et 500 $, ce qui donne:

349,02 $ + 46,54 $ + 11,63 $ = 407,19 $ [1]

De même pour des montants inférieurs aux chiffres donnés, il suffit de décaler la virgule, pour un multiple de dix, d'un chiffre vers la gauche, ce qui donne :

pour 1 000 $ à 14%   23,27 $ pour cinq ans

pour 100 $ à 14%   2,33 $ pour cinq ans

D'autre part, pour un montant composé inférieur à 500 $ (320 $, par exemple), il suffit de prendre le montant correspondant à dix fois le nombre considéré (3 200 $ dans notre exemple), c'est-à-dire son multiple de dix pour autant que ce nombre soit supérieur à 500 $, puis de décaler la virgule d'un chiffre vers la gauche (ou de deux selon le cas), ce qui donne :

Pour 3 200 $ à 14%
   — pour 3 000 $ à 14% = 269,36 $
   — pour 200 $, il faut prendre 2 000 $ = 179,57 $
décalé d'une décimale pour obtenir 17,96 $.

D'où 269,36 $ + 17,96 $ = 287,32 $ pour un an...

et 320 $ à 14% = 28,73 $ pour un an.

Tableaux des remboursements mensuels

de 5% à 30%
de 500$ à 100 000$

Paiement requis pour rembourser mensuellement un prêt personnel

Montant	durée du prêt (en mois)					
	6	12	18	24	36	48
500	84,55	42,80	28,89	21,94	14,99	11,51
1 000	169,11	85,61	57,78	43,87	29,97	23,03
2 000	338,21	171,21	115,56	87,74	59,94	46,06
3 000	507,32	256,82	173,34	131,61	89,91	69,09
4 000	676,42	342,43	231,12	175,49	119,88	92,12
5 000	845,53	428,04	288,90	219,36	149,85	115,15
6 000	1014,63	513,64	346,68	263,23	179,83	138,18
7 000	1183,74	599,25	404,46	307,10	209,80	161,21
8 000	1352,84	684,86	462,24	350,97	239,77	184,23
9 000	1521,95	770,47	520,02	394,84	269,74	207,26
10 000	1691,05	856,07	577,81	438,71	299,71	230,29
15 000	2536,58	1284,11	866,71	658,07	449,56	345,44
20 000	3382,10	1712,15	1155,61	877,43	599,42	460,59
25 000	4227,63	2140,19	1444,51	1096,79	749,27	575,73
30 000	5073,15	2568,22	1733,42	1316,14	899,13	690,88
35 000	5918,68	2996,26	2022,32	1535,50	1048,98	806,03
40 000	6764,20	3424,30	2311,22	1754,86	1198,84	921,17
45 000	7609,73	3852,33	2600,12	1974,21	1348,69	1036,32
50 000	8455,26	4280,37	2889,03	2193,57	1498,55	1151,47
60 000	10146,31	5136,44	3466,83	2632,28	1798,25	1381,76
70 000	11837,36	5992,52	4044,64	3071,00	2097,96	1612,05
80 000	13528,41	6848,59	4622,44	3509,71	2397,67	1842,34
90 000	15219,46	7704,67	5200,25	3948,43	2697,38	2072,64
100 000	16910,51	8560,74	5778,05	4387,14	2997,09	2302,93

Paiement requis pour rembourser mensuellement un prêt personnel   5%

Montant	durée du prêt (en années)					
	5	6	7	8	9	10
500	9,44	8,05	7,07	6,33	5,76	5,30
1 000	18,87	16,10	14,13	12,66	11,52	10,61
2 000	37,74	32,21	28,27	25,32	23,03	21,21
3 000	56,61	48,31	42,40	37,98	34,55	31,82
4 000	75,48	64,42	56,54	50,64	46,07	42,43
5 000	94,36	80,52	70,67	63,30	57,59	53,03
6 000	113,23	96,63	84,80	75,96	69,10	63,64
7 000	132,10	112,73	98,94	88,62	80,62	74,25
8 000	150,97	128,84	113,07	101,28	92,14	84,85
9 000	169,84	144,94	127,21	113,94	103,66	95,46
10 000	188,71	161,05	141,34	126,60	115,17	106,07
15 000	283,07	241,57	212,01	189,90	172,76	159,10
20 000	377,42	322,10	282,68	253,20	230,35	212,13
25 000	471,78	402,62	353,35	316,50	287,93	265,17
30 000	566,14	483,15	424,02	379,80	345,52	318,20
35 000	660,49	563,67	494,69	443,10	403,11	371,23
40 000	754,85	644,20	565,36	506,40	460,69	424,26
45 000	849,20	724,72	636,03	569,70	518,28	477,30
50 000	943,56	805,25	706,70	633,00	575,87	530,33
60 000	1132,27	966,29	848,03	759,59	691,04	636,40
70 000	1320,98	1127,34	989,37	886,19	806,21	742,46
80 000	1509,70	1288,39	1130,71	1012,79	921,38	848,53
90 000	1698,41	1449,44	1272,05	1139,39	1036,56	954,59
100 000	1887,12	1610,49	1413,39	1265,99	1151,73	1060,66

5½% Paiement requis pour rembourser mensuellement un prêt personnel

Montant	durée du prêt (en mois)					
	6	12	18	24	36	48
500	84,68	42,92	29,00	22,05	15,10	11,63
1 000	169,35	85,84	58,01	44,10	30,20	23,26
2 000	338,70	171,67	116,01	88,19	60,39	46,51
3 000	508,05	257,51	174,02	132,29	90,59	69,77
4 000	677,40	343,35	232,02	176,38	120,78	93,03
5 000	846,75	429,18	290,03	220,48	150,98	116,28
6 000	1016,10	515,02	348,04	264,57	181,18	139,54
7 000	1185,45	600,86	406,04	308,67	211,37	162,80
8 000	1354,80	686,69	464,05	352,77	241,57	186,05
9 000	1524,15	772,53	522,05	396,86	271,76	209,31
10 000	1693,50	858,37	580,06	440,96	301,96	232,57
15 000	2540,26	1287,55	870,09	661,44	452,94	348,85
20 000	3387,01	1716,73	1160,12	881,91	603,92	465,13
25 000	4233,76	2145,92	1450,15	1102,39	754,90	581,41
30 000	5080,51	2575,10	1740,18	1322,87	905,88	697,70
35 000	5927,26	3004,28	2030,21	1543,35	1056,86	813,98
40 000	6774,02	3433,47	2320,24	1763,83	1207,84	930,26
45 000	7620,77	3862,65	2610,27	1984,31	1358,82	1046,54
50 000	8467,52	4291,84	2900,30	2204,79	1509,80	1162,83
60 000	10161,02	5150,20	3480,35	2645,74	1811,75	1395,39
70 000	11854,53	6008,57	4060,41	3086,70	2113,71	1627,96
80 000	13548,03	6866,94	4640,47	3527,66	2415,67	1860,52
90 000	15241,54	7725,30	5220,53	3968,61	2717,63	2093,09
100 000	16935,04	8583,67	5800,59	4409,57	3019,59	2325,65

Paiement requis pour rembourser mensuellement un prêt personnel 5½%

Montant	durée du prêt (en années)					
	5	6	7	8	9	10
500	9,55	8,17	7,19	6,45	5,88	5,43
1 000	19,10	16,34	14,37	12,90	11,76	10,85
2 000	38,20	32,68	28,74	25,80	23,52	21,71
3 000	57,30	49,01	43,11	38,70	35,28	32,56
4 000	76,40	65,35	57,48	51,60	47,04	43,41
5 000	95,51	81,69	71,85	64,50	58,80	54,26
6 000	114,61	98,03	86,22	77,40	70,56	65,12
7 000	133,71	114,37	100,59	90,30	82,32	75,97
8 000	152,81	130,70	114,96	103,19	94,08	86,82
9 000	171,91	147,04	129,33	116,09	105,84	97,67
10 000	191,01	163,38	143,70	128,99	117,60	108,53
15 000	286,52	245,07	215,55	193,49	176,40	162,79
20 000	382,02	326,76	287,40	257,99	235,20	217,05
25 000	477,53	408,45	359,25	322,48	294,00	271,32
30 000	573,04	490,14	431,10	386,98	352,80	325,58
35 000	668,54	571,83	502,95	451,48	411,60	379,84
40 000	764,05	653,52	574,80	515,97	470,40	434,10
45 000	859,55	735,21	646,65	580,47	529,20	488,37
50 000	955,06	816,90	718,50	644,97	588,00	542,63
60 000	1146,07	980,27	862,20	773,96	705,60	651,16
70 000	1337,08	1143,65	1005,90	902,95	823,20	759,68
80 000	1528,10	1307,03	1149,60	1031,94	940,80	868,21
90 000	1719,11	1470,41	1293,30	1160,94	1058,40	976,73
100 000	1910,12	1633,79	1437,00	1289,93	1176,00	1085,26

6%

Paiement requis pour rembourser mensuellement un prêt personnel

Montant	durée du prêt (en mois)					
	6	12	18	24	36	48
500	84,80	43,03	29,12	22,16	15,21	11,74
1 000	169,60	86,07	58,23	44,32	30,42	23,49
2 000	339,19	172,13	116,46	88,64	60,84	46,97
3 000	508,79	258,20	174,70	132,96	91,27	70,46
4 000	678,38	344,27	232,93	177,28	121,69	93,94
5 000	847,98	430,33	291,16	221,60	152,11	117,43
6 000	1017,57	516,40	349,39	265,92	182,53	140,91
7 000	1187,17	602,46	407,62	310,24	212,95	164,40
8 000	1356,76	688,53	465,85	354,56	243,38	187,88
9 000	1526,36	774,60	524,09	398,89	273,80	211,37
10 000	1695,95	860,66	582,32	443,21	304,22	234,85
15 000	2543,93	1291,00	873,48	664,81	456,33	352,28
20 000	3391,90	1721,33	1164,63	886,41	608,44	469,70
25 000	4239,88	2151,66	1455,79	1108,02	760,55	587,13
30 000	5087,85	2581,99	1746,95	1329,62	912,66	704,55
35 000	5935,83	3012,32	2038,11	1551,22	1064,77	821,98
40 000	6783,80	3442,66	2329,27	1772,82	1216,88	939,40
45 000	7631,78	3872,99	2620,43	1994,43	1368,99	1056,83
50 000	8479,75	4303,32	2911,59	2216,03	1521,10	1174,25
60 000	10175,70	5163,98	3493,90	2659,24	1825,31	1409.10
70 000	11871,65	6024,65	4076,22	3102,44	2129,53	1643,95
80 000	13567,60	6885,31	4658,54	3545,65	2433,75	1878,80
90 000	15263,55	7745,98	5240,85	3988,85	2737,97	2113,65
100 000	16959,50	8606,64	5823,17	4432,06	3042,19	2348,50

Paiement requis pour rembourser mensuellement un prêt personnel **6%**

Montant	durée du prêt (en années)					
	5	6	7	8	9	10
500	9,67	8,29	7,30	6,57	6,00	5,55
1 000	19,33	16,57	14,61	13,14	12,01	11,10
2 000	38,67	33,15	29,22	26,28	24,01	22,20
3 000	58,00	49,72	43,83	39,42	36,02	33,31
4 000	77,33	66,29	58,43	52,57	48,02	44,41
5 000	96,66	82,86	73,04	65,71	60,03	55,51
6 000	116,00	99,44	87,65	78,85	72,03	66,61
7 000	135,33	116,01	102,26	91,99	84,04	77,71
8 000	154,66	132,58	116,87	105,13	96,05	88,82
9 000	174,00	149,16	131,48	118,27	108,05	99,92
10 000	193,33	165,73	146,09	131,41	120,06	111,02
15 000	289,99	248,59	219,13	197,12	180,09	166,53
20 000	386,66	331,46	292,17	262,83	240,11	222,04
25 000	483,32	414,32	365,22	328,54	300,14	277,55
30 000	579,98	497,19	438,26	394,24	360,17	333,06
35 000	676,65	580,05	511,30	459,95	420,20	388,57
40 000	773,31	662,92	584,34	525,66	480,23	444,08
45 000	869,98	745,78	657,39	591,36	540,26	499,59
50 000	966,64	828,65	730,43	657,07	600,29	555,10
60 000	1159,97	994,37	876,52	788,48	720,34	666,12
70 000	1353,30	1160,10	1022,60	919,90	840,40	777,14
80 000	1546,62	1325,83	1168,69	1051,31	960,46	888,16
90 000	1739,95	1491,56	1314,77	1182,73	1080,51	999,18
100 000	1933,28	1657,29	1460,86	1314,14	1200,57	1110,20

13

6¼% Paiement requis pour rembourser mensuellement un prêt personnel

Montant	durée du prêt (en mois)					
	6	12	18	24	36	48
500	84,86	43,09	29,17	22,22	15,27	11,80
1 000	169,72	86,18	58,34	44,43	30,54	23,60
2 000	339,44	172,36	116,69	88,87	61,07	47,20
3 000	509,15	258,54	175,03	133,30	91,61	70,80
4 000	678,87	344,73	233,38	177,73	122,14	94,40
5 000	848,59	430,91	291,72	222,17	152,68	118,00
6 000	1018,31	517,09	350,07	266,60	183,21	141,60
7 000	1188,03	603,27	408,41	311,03	213,75	165,20
8 000	1357,74	689,45	466,76	355,47	244,28	188,80
9 000	1527,46	775,63	525,10	399,90	274,82	212,40
10 000	1697,18	861,81	583,45	444,33	305,35	236,00
15 000	2545,77	1292,72	875,17	666,50	458,03	354,00
20 000	3394,36	1723,63	1166,90	888,67	610,71	472,00
25 000	4242,95	2154,53	1458,62	1110,83	763,38	590,00
30 000	5091,54	2585,44	1750,35	1333,00	916,06	707,99
35 000	5940,13	3016,35	2042,07	1555,17	1068,74	825,99
40 000	6788,72	3447,26	2333,79	1777,33	1221,41	943,99
45 000	7637,31	3878,16	2625,52	1999,50	1374,09	1061,99
50 000	8485,90	4309,07	2917,24	2221,67	1526,77	1179,99
60 000	10183,08	5170,88	3500,69	2666,00	1832,12	1415,99
70 000	11880,26	6032,70	4084,14	3110,33	2137,47	1651,99
80 000	13577,44	6894,51	4667,59	3554,67	2442,83	1887,99
90 000	15274,62	7756,32	5251,04	3999,00	2748,18	2123,98
100 000	16971,80	8618,14	5834,49	4443,33	3053,53	2359,98

Paiement requis pour rembourser mensuellement un prêt personnel $6\frac{1}{4}\%$

Montant	durée du prêt (en années)					
	5	6	7	8	9	10
500	9,72	8,35	7,36	6,63	6,06	5,61
1 000	19,45	16,69	14,73	13,26	12,13	11,23
2 000	38,90	33,38	29,46	26,53	24,26	22,46
3 000	58,35	50,07	44,19	39,79	36,39	33,68
4 000	77,80	66,76	58,91	53,05	48,52	44,91
5 000	97,25	83,46	73,64	66,32	60,65	56,14
6 000	116,70	100,15	88,37	79,58	72,78	67,37
7 000	136,14	116,84	103,10	92,84	84,91	78,60
8 000	155,59	133,53	117,83	106,11	97,04	89,82
9 000	175,04	150,22	132,56	119,37	109,17	101,05
10 000	194,49	166,91	147,29	132,63	121,30	112,28
15 000	291,74	250,37	220,93	198,95	181,95	168,42
20 000	388,99	333,82	294,57	265,27	242,60	224,56
25 000	486,23	417,28	368,22	331,59	303,24	280,70
30 000	583,48	500,73	441,86	397,90	363,89	336,84
35 000	680,72	584,19	515,50	464,22	424,54	392,98
40 000	777,97	667,65	589,15	530,54	485,19	449,12
45 000	875,22	751,10	662,79	596,86	545,84	505,26
50 000	972,46	834,56	736,43	663,17	606,49	561,40
60 000	1166,96	1001,47	883,72	795,81	727,79	673,68
70 000	1361,45	1168,38	1031,01	928,44	849,08	785,96
80 000	1555,94	1335,29	1178,30	1061,08	970,38	898,24
90 000	1750,43	1502,20	1325,58	1193,71	1091,68	1010,52
100 000	1944,93	1669,12	1472,87	1326,35	1212,98	1122,80

6½% Paiement requis pour rembourser mensuellement un prêt personnel

Montant	\[durée du prêt (en mois)] 6	12	18	24	36	48
500	84,92	43,15	29,23	22,27	15,32	11,86
1 000	169,84	86,30	58,46	44,55	30,65	23,72
2 000	339,68	172,59	116,92	89,09	61,30	47,43
3 000	509,52	258,89	175,37	133,64	91,95	71,15
4 000	679,37	345,19	233,83	178,19	122,60	94,86
5 000	849,21	431,48	292,29	222,73	153,25	118,58
6 000	1019,05	517,78	350,75	267,28	183,89	142,29
7 000	1188,89	604,08	409,21	311,82	214,54	166,01
8 000	1358,73	690,37	467,67	356,37	245,19	189,72
9 000	1528,57	776,67	526,12	400,92	275,84	213,44
10 000	1698,41	862,97	584,58	445,46	306,49	237,15
15 000	2547,62	1294,45	876,87	668,19	459,74	355,73
20 000	3396,83	1725,93	1169,16	890,93	612,98	474,30
25 000	4246,04	2157,41	1461,46	1113,66	766,23	592,88
30 000	5095,24	2588,90	1753,75	1336,39	919,47	711,45
35 000	5944,45	3020,38	2046,04	1559,12	1072,72	830,03
40 000	6793,66	3451,86	2338,33	1781,85	1225,96	948,60
45 000	7642,86	3883,34	2630,62	2004,58	1379,21	1067,18
50 000	8492,07	4314,83	2922,91	2227,32	1532,45	1185,75
60 000	10190,48	5177,79	3507,49	2672,78	1838,94	1422,90
70 000	11888,90	6040,76	4092,07	3118,24	2145,43	1660,05
80 000	13587,31	6903,72	4676,66	3563,70	2451,92	1897,20
90 000	15285,73	7766,69	5261,24	4009,17	2758,41	2134,35
100 000	16984,14	8629,65	5845,82	4454,63	3064,90	2371,50

Paiement requis pour rembourser mensuellement un prêt personnel — 6½%

Montant	_____ durée du prêt (en années) _____					
	5	6	7	8	9	10
500	9,78	8,40	7,42	6,69	6,13	5,68
1 000	19,57	16,81	14,85	13,39	12,25	11,35
2 000	39,13	33,62	29,70	26,77	24,51	22,71
3 000	58,70	50,43	44,55	40,16	36,76	34,06
4 000	78,26	67,24	59,40	53,55	49,02	45,42
5 000	97,83	84,50	74,25	66,93	61,27	56,77
6 000	117,40	100,86	89,10	80,32	73,53	68,13
7 000	136,96	117,67	103,95	93,70	85,78	79,48
8 000	156,53	134,48	118,80	107,09	98,04	90,84
9 000	176,10	151,29	133,65	120,48	110,29	102,19
10 000	195,66	168,10	148,50	133,86	122,55	113,55
15 000	293,49	252,15	222,74	200,79	183,82	170,32
20 000	391,32	336,20	296,99	267,73	245,09	227,10
25 000	489,16	420,25	371,24	334,66	306,36	283,87
30 000	586,99	504,30	445,49	401,59	367,64	340,64
35 000	684,82	588,35	519,73	463,52	428,91	397,42
40 000	782,65	672,40	593,98	535,45	490,18	454,19
45 000	880,48	756,45	668,23	602,38	551,45	510,97
50 000	978,31	840,50	742,48	669,32	612,73	567,74
60 000	1173,97	1008,59	890,97	803,18	735,27	681,29
70 000	1369,63	1176,69	1039,47	937,04	857,82	794,84
80 000	1565,30	1344,79	1187,96	1070,90	980,36	908,38
90 000	1760,96	1512,89	1336,46	1204,77	1102,91	1021,93
100 000	1956,62	1680,99	1484,95	1338,63	1225,45	1135,48

17

6¾%   Paiement requis pour rembourser mensuellement un prêt personnel

Montant	durée du prêt (en mois)					
	6	12	18	24	36	48
500	84,98	43,21	29,29	22,33	15,38	11,92
1 000	169,96	86,41	58,57	44,66	30,76	23,83
2 000	339,92	172,82	117,14	89,32	61,53	47,66
3 000	509,89	259,23	175,71	133,98	92,29	71,49
4 000	679,85	345,65	234,29	178,64	123,05	95,32
5 000	849,82	432,06	292,86	223,30	153,81	119,15
6 000	1019,78	518,47	351,43	267,96	184,58	142,98
7 000	1189,74	604,88	410,00	312,62	215,34	166,81
8 000	1359,71	691,29	468,57	357,27	246,10	190,64
9 000	1529,67	777,70	527,14	401,93	276,87	214,47
10 000	1699,63	864,12	585,71	446,59	307,63	238,30
15 000	2549,45	1296,17	878,57	669,89	461,44	357,46
20 000	3399,27	1728,23	1171,43	893,19	615,26	476,61
25 000	4249,08	2160,29	1464,29	1116,48	769,07	595,76
30 000	5098,90	2592,35	1757,14	1339,78	922,89	714,91
35 000	5948,71	3024,40	2050,00	1563,08	1076,70	834,06
40 000	6798,53	3456,46	2342,86	1786,37	1230,52	953,22
45 000	7648,35	3888,52	2635,72	2009,67	1384,33	1072,37
50 000	8498,16	4320,58	2928,57	2232,97	1538,15	1191,52
60 000	10197,80	5184,69	3514,29	2679,56	1845,78	1429,83
70 000	11897,43	6048,81	4100,00	3126,15	2153,40	1668,13
80 000	13597,06	6912,92	4685,72	3572,75	2461,03	1906,43
90 000	15296,69	7777,04	5271,43	4019,34	2768,66	2144,74
100 000	16996,33	8641,15	5857,15	4465,93	3076,29	2383,04

Paiement requis pour rembourser mensuellement un prêt personnel $6\frac{3}{4}\%$

Montant	durée du prêt (en années)					
	5	6	7	8	9	10
500	9,84	8,46	7,49	6,75	6,19	5,74
1 000	19,68	16,93	14,97	13,51	12,38	11,48
2 000	39,37	33,86	29,94	27,02	24,76	22,96
3 000	59,05	50,79	44,91	40,53	37,14	34,45
4 000	78,73	67,72	59,88	54,04	49,52	45,93
5 000	98,42	84,65	74,85	67,55	61,90	57,41
6 000	118,10	101,58	89,82	81,06	74,28	68,89
7 000	137,78	118,50	104,80	94,57	86,66	80,38
8 000	157,47	135,43	119,77	108,08	99,04	91,86
9 000	177,15	152,36	134,74	121,59	111,42	103,34
10 000	196,83	169,29	149,71	135,10	123,80	114,82
15 000	295,25	253,94	224,56	202,64	185,70	172,24
20 000	393,67	338,58	299,42	270,19	247,60	229,65
25 000	492,09	423,23	374,27	337,74	309,50	287,06
30 000	590,50	507,88	449,12	405,29	371,40	344,47
35 000	688,92	592,52	523,98	472,84	433,30	401,88
40 000	787,34	677,17	598,83	540,39	495,20	459,30
45 000	885,76	761,81	673,68	607,93	557,10	516,71
50 000	984,17	846,46	748,54	675,48	619,00	574,12
60 000	1181,01	1015,75	898,25	810,58	742,80	688,94
70 000	1377,84	1185,04	1047,95	945,67	866,60	803,77
80 000	1574,68	1354,34	1197,66	1080,77	990,40	918,59
90 000	1771,51	1523,63	1347,37	1215,87	1114,20	1033,42
100 000	1968,35	1692,92	1497,08	1350,96	1238,00	1148,24

Paiement requis pour rembourser mensuellement un prêt personnel

	durée du prêt (en mois)					
Montant	**6**	**12**	**18**	**24**	**36**	**48**
500	85,04	43,26	29,34	22,39	15,44	11,97
1 000	170,09	86,53	58,68	44,77	30,88	23,95
2 000	340,17	173,05	117,37	89,55	61,75	47,89
3 000	510,26	259,58	176,05	134,32	92,63	71,84
4 000	680,34	346,11	234,74	179,09	123,51	95,78
5 000	850,43	432,63	293,42	223,86	154,39	119,73
6 000	1020,52	519,16	352,11	268,64	185,26	143,68
7 000	1190,60	605,69	410,79	313,41	216,14	167,62
8 000	1360,69	692,21	469,48	358,18	247,02	191,57
9 000	1530,77	778,74	528,16	402,95	277,89	215,52
10 000	1700,86	865,27	586,85	447,73	308,77	239,46
15 000	2551,29	1297,90	880,27	671,59	463,16	359,19
20 000	3401,72	1730,54	1173,70	895,45	617,54	478,92
25 000	4252,15	2163,17	1467,12	1119,32	771,93	598,66
30 000	5102,58	2595,80	1760,55	1343,18	926,31	718,39
35 000	5953,01	3028,44	2053,97	1567,04	1080,70	838,12
40 000	6803,44	3461,07	2347,40	1790,90	1235,08	957,85
45 000	7653,87	3893,71	2640,82	2014,77	1389,47	1077,58
50 000	8504,30	4326,34	2934,25	2238,63	1543,86	1197,31
60 000	10205,15	5191,61	3521,09	2686,36	1852,63	1436,77
70 000	11906,01	6056,88	4107,94	3134,08	2161,40	1676,23
80 000	13606,87	6922,14	4694,79	3581,81	2470,17	1915,70
90 000	15307,73	7787,41	5281,64	4029,53	2778,94	2155,16
100 000	17008,59	8652,68	5868,49	4477,26	3087,71	2394,62

Paiement requis pour rembourser mensuellement un prêt personnel — 7%

Montant	durée du prêt (en années)					
	5	6	7	8	9	10
500	9,90	8,52	7,55	6,82	6,25	5,81
1 000	19,80	17,05	15,09	13,63	12,51	11,61
2 000	39,60	34,10	30,19	27,27	25,01	23,22
3 000	59,40	51,15	45,28	40,90	37,52	34,83
4 000	79,20	68,20	60,37	54,53	50,03	46,44
5 000	99,01	85,25	75,46	68,17	62,53	58,05
6 000	118,81	102,29	90,56	81,80	75,04	69,66
7 000	138,61	119,34	105,65	95,44	87,54	81,28
8 000	158,41	136,39	120,74	109,07	100,05	92,89
9 000	178,21	153,44	135,83	122,70	112,56	104,50
10 000	198,01	170,49	150,93	136,34	125,06	116,11
15 000	297,02	255,74	226,39	204,51	187,59	174,16
20 000	396,02	340,98	301,85	272,67	250,13	232,22
25 000	495,03	426,23	377,32	340,84	312,66	290,27
30 000	594,04	511,47	452,78	409,01	375,19	348,32
35 000	693,04	596,72	528,24	477,18	437,72	406,38
40 000	792,05	681,96	603,71	545,35	500,25	464,43
45 000	891,05	767,21	679,17	613,52	562,78	522,49
50 000	990,06	852,45	754,64	681,69	625,32	580,54
60 000	1188,07	1022,94	905,56	818,02	750,38	696,65
70 000	1386,08	1193,43	1056,49	954,36	875,44	812,76
80 000	1584,10	1363,92	1207,42	1090,70	1000,50	928,86
90 000	1782,11	1534,41	1358,34	1227,03	1125,57	1044,97
100 000	1980,12	1704,90	1509,27	1363,37	1250,63	1161,08

21

$7\frac{1}{4}\%$ Paiement requis pour rembourser mensuellement un prêt personnel

Montant	durée du prêt (en mois)					
	6	12	18	24	36	48
500	85,10	43,32	29,40	22,44	15,50	12,03
1 000	170,21	86,64	58,80	44,89	30,99	24,06
2 000	340,42	173,28	117,60	89,77	61,98	48,12
3 000	510,63	259,93	176,40	134,66	92,97	72,19
4 000	680,83	346,57	235,19	179,54	123,97	96,25
5 000	851,04	433,21	293,99	224,43	154,96	120,31
6 000	1021,25	519,85	352,79	269,32	185,95	144,37
7 000	1191,46	606,49	411,59	314,20	216,94	168,44
8 000	1361,67	693,14	470,39	359,09	247,93	192,50
9 000	1531,88	779,78	529,19	403,97	278,92	216,56
10 000	1702,09	866,42	587,99	448,86	309,92	240,62
15 000	2553,13	1299,63	881,98	673,29	464,87	360,94
20 000	3404,17	1732,84	1175,97	897,72	619,83	481,25
25 000	4255,22	2166,05	1469,97	1122,15	774,79	601,56
30 000	5106,26	2599,26	1763,96	1346,58	929,75	721,87
35 000	5957,30	3032,47	2057,95	1571,01	1084,70	842,18
40 000	6808,35	3465,68	2351,94	1795,44	1239,66	962,50
45 000	7659,39	3898,89	2645,94	2019,87	1394,62	1082,81
50 000	8510,43	4332,10	2939,93	2244,30	1549,58	1203,12
60 000	10212,52	5198,52	3527,92	2693,16	1859,49	1443,74
70 000	11914,61	6064,94	4115,90	3142,02	2169,41	1684,37
80 000	13616,69	6931,36	4703,89	3590,88	2479,32	1924,99
90 000	15318,78	7797,78	5291,88	4039,74	2789,24	2165,62
100 000	17020,87	8664,20	5879,86	4488,60	3099,15	2406,24

Paiement requis pour rembourser mensuellement un prêt personnel $7\frac{1}{4}\%$

	durée du prêt (en années)					
Montant	5	6	7	8	9	10
500	9,96	8,58	7,61	6,88	6,32	5,87
1 000	19,92	17,17	15,22	13,76	12,63	11,74
2 000	39,84	34,34	30,43	27,52	25,27	23,48
3 000	59,76	51,51	45,65	41,28	37,90	35,22
4 000	79,68	68,68	60,86	55,03	50,53	46,96
5 000	99,60	85,85	76,08	68,79	63,17	58,70
6 000	119,52	103,02	91,29	82,55	75,80	70,44
7 000	139,44	120,19	106,51	96,31	88,43	82,18
8 000	159,35	137,35	121,72	110,07	101,07	93,92
9 000	179,27	154,52	136,94	123,83	113,70	105,66
10 000	199,19	171,69	152,15	137,58	126,33	117,40
15 000	298,79	257,54	228,23	206,38	189,50	176,10
20 000	398,39	343,39	304,30	275,17	252,67	234,80
25 000	497,98	429,23	380,38	343,96	315,83	293,50
30 000	597,58	515,08	456,46	412,75	379,00	352,20
35 000	697,18	600,93	532,53	481,55	442,16	410,90
40 000	796,77	686,77	608,61	550,34	505,33	469,60
45 000	896,37	772,62	684,68	619,13	568,50	528,30
50 000	995,97	858,47	760,76	687,92	631,66	587,01
60 000	1195,16	1030,16	912,91	825,51	758,00	704,41
70 000	1394,36	1201,85	1065,06	963,09	884,33	821,81
80 000	1593,55	1373,54	1217,21	1100,68	1010,66	939,21
90 000	1792,74	1545,24	1369,37	1238,26	1136,99	1056,61
00 000	1991,94	1716,93	1521,52	1375,85	1263,33	1174,01

7½% Paiement requis pour rembourser mensuellement un prêt personnel

Montant	durée du prêt (en mois)					
	6	12	18	24	36	48
500	85,17	43,38	29,46	22,50	15,55	12,09
1 000	170,33	86,76	58,91	45,00	31,11	24,18
2 000	340,66	173,51	117,82	90,00	62,21	48,36
3 000	510,99	260,27	176,74	135,00	93,32	72,54
4 000	681,33	347,03	235,65	180,00	124,42	96,72
5 000	851,66	433,79	294,56	225,00	155,53	120,89
6 000	1021,99	520,54	353,47	270,00	186,64	145,07
7 000	1192,32	607,30	412,39	315,00	217,74	169,25
8 000	1362,65	694,06	471,30	360,00	248,85	193,43
9 000	1532,98	780,82	530,21	405,00	279,96	217,61
10 000	1703,31	867,57	589,12	450,00	311,06	241,79
15 000	2554,97	1301,36	883,68	674,99	466,59	362,68
20 000	3406,63	1735,15	1178,25	899,99	622,12	483,58
25 000	4258,28	2168,94	1472,81	1124,99	777,66	604,47
30 000	5109,94	2602,72	1767,37	1349,99	933,19	725,37
35 000	5961,60	3036,51	2061,93	1574,98	1088,72	846,26
40 000	6813,25	3470,30	2356,49	1799,98	1244,25	967,16
45 000	7664,91	3904,08	2651,05	2024,98	1399,78	1088,05
50 000	8516,57	4337,87	2945,62	2249,98	1555,31	1208,95
60 000	10219,88	5205,44	3534,74	2699,97	1866,37	1450,73
70 000	11923,19	6073,02	4123,86	3149,97	2177,43	1692,52
80 000	13626,50	6940,59	4712,98	3599,96	2488,50	1934,31
90 000	15329,82	7808,17	5302,11	4049,96	2799,56	2176,10
100 000	17033,13	8675,74	5891,23	4499,95	3110,62	2417,89

Paiement requis pour rembourser mensuellement un prêt personnel $7^1/_2\%$

Montant	durée du prêt (en années)					
	5	6	7	8	9	10
500	10,02	8,65	7,67	6,94	6,38	5,94
1 000	20,04	17,29	15,34	13,88	12,76	11,87
2 000	40,08	34,58	30,68	27,77	25,52	23,74
3 000	60,11	51,87	46,01	41,65	38,28	35,61
4 000	80,15	69,16	61,35	55,54	51,04	47,48
5 000	100,19	86,45	76,69	69,42	63,81	59,35
6 000	120,23	103,74	92,03	83,30	76,57	71,22
7 000	140,27	121,03	107,37	97,19	89,33	83,09
8 000	160,30	138,32	122,71	111,07	102,09	94,96
9 000	180,34	155,61	138,04	124,96	114,85	106,83
10 000	200,38	172,90	153,38	138,84	127,61	118,70
15 000	300,57	259,35	230,07	208,26	191,42	178,05
20 000	400,76	345,80	306,77	277,68	255,22	237,40
25 000	500,95	432,25	383,46	347,10	319,03	296,76
30 000	601,14	518,70	460,15	416,52	382,83	356,11
35 000	701,33	605,15	536,84	485,94	446,64	415,46
40 000	801,52	691,60	613,53	555,36	510,44	474,81
45 000	901,71	778,05	690,22	624,78	574,25	534,16
50 000	1001,90	864,51	766,92	694,20	638,05	593,51
60 000	1202,27	1037,41	920,30	833,03	765,66	712,21
70 000	1402,65	1210,31	1073,68	971,87	893,27	830,91
80 000	1603,03	1383,21	1227,06	1110,71	1020,88	949,62
90 000	1803,41	1556,11	1380,45	1249,55	1148,49	1068,32
100 000	2003,79	1729,01	1533,83	1388,39	1276,10	1187,02

7¾% Paiement requis pour rembourser mensuellement un prêt personnel

Montant	durée du prêt (en mois)					
	6	12	18	24	36	48
500	85,23	43,44	29,51	22,56	15,61	12,15
1 000	170,45	86,87	59,03	45,11	31,22	24,30
2 000	340,91	173,75	118,05	90,23	62,44	48,59
3 000	511,36	260,62	177,08	135,34	93,66	72,89
4 000	681,82	347,49	236,11	180,45	124,88	97,18
5 000	852,27	434,36	295,13	225,57	156,11	121,48
6 000	1022,73	521,24	354,16	270,68	187,33	145,77
7 000	1193,18	608,11	413,18	315,79	218,55	170,07
8 000	1363,63	694,98	472,21	360,91	249,77	194,37
9 000	1534,09	781,86	531,24	406,02	280,99	218,66
10 000	1704,54	868,73	590,26	451,13	312,21	242,96
15 000	2556,81	1303,09	885,39	676,70	468,32	364,44
20 000	3409,08	1737,46	1180,53	902,27	624,42	485,91
25 000	4261,36	2171,82	1475,66	1127,83	780,53	607,39
30 000	5113,63	2606,19	1770,79	1353,40	936,63	728,87
35 000	5965,90	3040,55	2065,92	1578,97	1092,74	850,35
40 000	6818,17	3474,92	2361,05	1804,53	1248,85	971,83
45 000	7670,44	3909,28	2656,18	2030,10	1404,95	1093,31
50 000	8522,71	4343,64	2951,31	2255,67	1561,06	1214,79
60 000	10227,25	5212,37	3541,58	2706,80	1873,27	1457,74
70 000	11931,80	6081,10	4131,84	3157,93	2185,48	1700,70
80 000	13636,34	6949,83	4722,10	3609,07	2497,69	1943,66
90 000	15340,88	7818,56	5312,37	4060,20	2809,90	2186,62
100 000	17045,42	8687,29	5902,63	4511,34	3122,12	2429,57

Paiement requis pour rembourser mensuellement un prêt personnel $7^3/_4\%$

	durée du prêt (en années)					
Montant	5	6	7	8	9	10
500	10,08	8,71	7,73	7,00	6,44	6,00
1 000	20,16	17,41	15,46	14,01	12,89	12,00
2 000	40,31	34,82	30,92	28,02	25,78	24,00
3 000	60,47	52,23	46,39	42,03	38,67	36,00
4 000	80,63	69,65	61,85	56,04	51,56	48,00
5 000	100,78	87,06	77,31	70,05	64,45	60,01
6 000	120,94	104,47	92,77	84,06	77,34	72,01
7 000	141,10	121,88	108,23	98,07	90,23	84,01
8 000	161,26	139,29	123,70	112,08	103,12	96,01
9 000	181,41	156,70	139,16	126,09	116,01	108,01
10 000	201,57	174,11	154,62	140,10	128,89	120,01
15 000	302,35	261,17	231,93	210,15	193,34	180,02
20 000	403,14	348,23	309,24	280,20	257,79	240,02
25 000	503,92	435,29	386,55	350,25	322,24	300,03
30 000	604,71	522,34	463,86	420,30	386,68	360,03
35 000	705,49	609,40	541,17	490,35	451,13	420,04
40 000	806,28	696,46	618,48	560,40	515,58	480,04
45 000	907,06	783,51	695,79	630,45	580,03	540,05
50 000	1007,85	870,57	773,10	700,50	644,47	600,05
60 000	1209,42	1044,69	927,72	840,60	773,37	720,06
70 000	1410,99	1218,80	1082,34	980,70	902,26	840,07
80 000	1612,56	1392,91	1236,96	1120,80	1031,16	960,09
90 000	1814,13	1567,03	1391,58	1260,89	1160,05	1080,10
100 000	2015,70	1741,14	1546,20	1400,99	1288,95	1200,11

27

8%

Paiement requis pour rembourser mensuellement un prêt personnel

Montant	durée du prêt (en mois)					
	6	12	18	24	36	48
500	85,29	43,49	29,57	22,61	15,67	12,21
1 000	170,58	86,99	59,14	45,23	31,34	24,41
2 000	341,15	173,98	118,28	90,45	62,67	48,83
3 000	511,73	260,97	177,42	135,68	94,01	73,24
4 000	682,31	347,95	236,56	180,91	125,35	97,65
5 000	852,89	434,94	295,70	226,14	156,68	122,06
6 000	1023,46	521,93	354,84	271,36	188,02	146,48
7 000	1194,04	608,92	413,98	316,59	219,35	170,89
8 000	1364,62	695,91	473,12	361,82	250,69	195,30
9 000	1535,19	782,90	532,26	407,05	282,03	219,72
10 000	1705,77	869,89	591,40	452,27	313,36	244,13
15 000	2558,66	1304,83	887,11	678,41	470,05	366,19
20 000	3411,54	1739,77	1182,81	904,55	626,73	488,26
25 000	4264,43	2174,71	1478,51	1130,68	783,41	610,32
30 000	5117,31	2609,66	1774,21	1356,82	940,09	732,39
35 000	5970,20	3044,60	2069,91	1582,96	1096,77	854,45
40 000	6823,08	3479,54	2365,62	1809,09	1253,46	976,52
45 000	7675,97	3914,48	2661,32	2035,23	1410,14	1098,58
50 000	8528,86	4349,43	2957,02	2261,37	1566,82	1220,65
60 000	10234,63	5219,31	3548,42	2713,64	1880,18	1464,77
70 000	11940,40	6089,20	4139,83	3165,91	2193,55	1708,90
80 000	13646,17	6959,08	4731,23	3618,18	2506,91	1953,03
90 000	15351,94	7828,97	5322,64	4070,46	2820,28	2197,16
100 000	17057,71	8698,85	5914,04	4522,73	3133,64	2441,29

Paiement requis pour rembourser mensuellement un prêt personnel **8%**

Montant	durée du prêt (en années)					
	5	6	7	8	9	10
500	10,14	8,77	7,79	7,07	6,51	6,07
1 000	20,28	17,53	15,59	14,14	13,02	12,13
2 000	40,55	35,07	31,17	28,27	26,04	24,27
3 000	60,83	52,60	46,76	42,41	39,06	36,40
4 000	81,11	70,13	62,34	56,55	52,07	48,53
5 000	101,38	87,67	77,93	70,68	65,09	60,66
6 000	121,66	105,20	93,52	84,82	78,11	72,80
7 000	141,93	122,73	109,10	98,96	91,13	84,93
8 000	162,21	140,27	124,69	113,09	104,15	97,06
9 000	182,49	157,80	140,28	127,23	117,17	109,20
10 000	202,76	175,33	155,86	141,37	130,19	121,33
15 000	304,15	263,00	233,79	212,05	195,28	181,99
20 000	405,53	350,67	311,72	282,73	260,37	242,66
25 000	506,91	438,33	389,66	353,42	325,47	303,32
30 000	608,29	526,00	467,59	424,10	390,56	363,98
35 000	709,67	613,67	545,52	494,78	455,65	424,65
40 000	811,06	701,33	623,45	565,47	520,75	485,31
45 000	912,44	789,00	701,38	636,15	585,84	545,98
50 000	1013,82	876,67	779,31	706,84	650,94	606,64
60 000	1216,58	1052,00	935,17	848,20	781,12	727,97
70 000	1419,35	1227,33	1091,03	989,57	911,31	849,30
80 000	1622,11	1402,66	1246,90	1130,94	1041,50	970,62
90 000	1824,88	1578,00	1402,76	1272,30	1171,68	1091,95
100 000	2027,64	1753,33	1558,62	1413,67	1301,87	1213,28

8¼% Palement requis pour rembourser mensuellement un prêt personnel

Montant	durée du prêt (en mois)					
	6	12	18	24	36	48
500	85,35	43,55	29,63	22,67	15,73	12,27
1 000	170,70	87,10	59,25	45,34	31,45	24,53
2 000	341,40	174,21	118,51	90,68	62,90	49,06
3 000	512,10	261,31	177,76	136,02	94,36	73,59
4 000	682,80	348,42	237,02	181,37	125,81	98,12
5 000	853,50	435,52	296,27	226,71	157,26	122,65
6 000	1024,20	522,62	355,53	272,05	188,71	147,18
7 000	1194,90	609,73	414,78	317,39	220,16	171,71
8 000	1365,60	696,83	474,04	362,73	251,61	196,24
9 000	1536,30	783,94	533,29	408,07	283,07	220,77
10 000	1707,00	871,04	592,54	453,41	314,52	245,30
15 000	2560,50	1306,56	888,82	680,12	471,78	367,96
20 000	3414,00	1742,08	1185,09	906,83	629,04	490,61
25 000	4267,50	2177,60	1481,36	1133,53	786,30	613,26
30 000	5121,00	2613,12	1777,63	1360,24	943,55	735,91
35 000	5974,50	3048,64	2073,91	1586,95	1100,81	858,57
40 000	6828,00	3484,16	2370,18	1813,66	1258,07	981,22
45 000	7681,50	3919,68	2666,45	2040,36	1415,33	1103,87
50 000	8535,00	4355,20	2962,72	2267,07	1572,59	1226,52
60 000	10242,00	5226,24	3555,27	2720,48	1887,11	1471,83
70 000	11949,00	6097,28	4147,81	3173,90	2201,63	1717,13
80 000	13656,00	6968,33	4740,36	3627,31	2516,15	1962,4
90 000	15363,00	7839,37	5332,90	4080,73	2830,66	2207,7
100 000	17070,00	8710,41	5925,44	4534,14	3145,18	2453,0

Paiement requis pour rembourser mensuellement un prêt personnel $8\frac{1}{4}\%$

ontant	durée du prêt (en années)					
	5	6	7	8	9	10
500	10,20	8,83	7,86	7,13	6,57	6,13
1 000	20,40	17,66	15,71	14,26	13,15	12,27
2 000	40,79	35,31	31,42	28,53	26,30	24,53
3 000	61,19	52,97	47,13	42,79	39,45	36,80
4 000	81,59	70,62	62,84	57,06	52,59	49,06
5 000	101,98	88,28	78,56	71,32	65,74	61,33
6 000	122,38	105,93	94,27	85,58	78,89	73,59
7 000	142,77	123,59	109,98	99,85	92,04	85,86
8 000	163,17	141,24	125,69	114,11	105,19	98,12
9 000	183,57	158,90	141,40	128,38	118,34	110,39
10 000	203,96	176,56	157,11	142,64	131,49	122,65
15 000	305,94	264,83	235,67	213,96	197,23	183,98
20 000	407,93	353,11	314,22	285,28	262,97	245,31
25 000	509,91	441,39	392,78	356,60	328,72	306,63
30 000	611,89	529,67	471,33	427,92	394,46	367,96
35 000	713,87	617,94	549,89	499,24	460,20	429,28
40 000	815,85	706,22	628,44	570,56	525,95	490,61
45 000	917,83	794,50	707,00	641,88	591,69	551,94
50 000	1019,81	882,78	785,55	713,20	657,43	613,26
60 000	1223,78	1059,33	942,66	855,84	788,92	735,92
70 000	1427,74	1235,89	1099,77	998,49	920,41	858,57
80 000	1631,70	1412,44	1256,88	1141,13	1051,89	981,22
90 000	1835,66	1589,00	1414,00	1283,77	1183,38	1103,87
100 000	2039,63	1765,56	1571,11	1426,41	1314,87	1226,53

8½% Paiement requis pour rembourser mensuellement un prêt personnel

Montant	durée du prêt (en mois)					
	6	12	18	24	36	48
500	85,41	43,61	29,68	22,73	15,78	12,32
1 000	170,82	87,22	59,37	45,46	31,57	24,65
2 000	341,65	174,44	118,74	90,91	63,14	49,30
3 000	512,47	261,66	178,11	136,37	94,70	73,94
4 000	683,29	348,88	237,47	181,82	126,27	98,59
5 000	854,12	436,10	296,84	227,28	157,84	123,24
6 000	1024,94	523,32	356,21	272,73	189,41	147,89
7 000	1195,76	610,54	415,58	318,19	220,97	172,54
8 000	1366,58	697,76	474,95	363,65	252,54	197,19
9 000	1537,41	784,98	534,32	409,10	284,11	221,83
10 000	1708,23	872,20	593,69	454,56	315,68	246,48
15 000	2562,35	1308,30	890,53	681,84	473,51	369,72
20 000	3416,46	1744,40	1187,37	909,11	631,35	492,97
25 000	4270,58	2180,50	1484,22	1136,39	789,19	616,21
30 000	5124,69	2616,59	1781,06	1363,67	947,03	739,45
35 000	5978,81	3052,69	2077,90	1590,95	1104,86	862,69
40 000	6832,92	3488,79	2374,75	1818,23	1262,70	985,93
45 000	7687,04	3924,89	2671,59	2045,51	1420,54	1109,17
50 000	8541,16	4360,99	2968,44	2272,79	1578,38	1232,42
60 000	10249,39	5233,19	3562,12	2727,34	1894,05	1478,90
70 000	11957,62	6105,39	4155,81	3181,90	2209,73	1725,38
80 000	13665,85	6977,58	4749,50	3636,46	2525,40	1971,86
90 000	15374,08	7849,78	5343,18	4091,01	2841,08	2218,35
100 000	17082,31	8721,98	5936,87	4545,57	3156,75	2464,83

Paiement requis pour rembourser mensuellement un prêt personnel 8½%

Montant	durée du prêt (en années)					
	5	6	7	8	9	10
500	10,26	8,89	7,92	7,20	6,64	6,20
1 000	20,52	17,78	15,84	14,39	13,28	12,40
2 000	41,03	35,56	31,67	28,78	26,56	24,80
3 000	61,55	53,34	47,51	43,18	39,84	37,20
4 000	82,07	71,11	63,35	57,57	53,12	49,59
5 000	102,58	88,89	79,18	71,96	66,40	61,99
6 000	123,10	106,67	95,02	86,35	79,68	74,39
7 000	143,62	124,45	110,86	100,74	92,96	86,79
8 000	164,13	142,23	126,69	115,14	106,23	99,19
9 000	184,65	160,01	142,53	129,53	119,51	111,59
10 000	205,17	177,78	158,37	143,92	132,79	123,99
15 000	307,75	266,68	237,55	215,88	199,19	185,98
20 000	410,33	355,57	316,73	287,84	265,59	247,97
25 000	512,91	444,46	395,91	359,80	331,98	309,97
30 000	615,50	533,35	475,10	431,76	398,38	371,96
35 000	718,08	622,24	554,28	503,72	464,78	433,95
40 000	820,66	711,14	633,46	575,68	531,17	495,94
45 000	923,24	800,03	712,64	647,64	597,57	557,94
50 000	1025,83	888,92	791,83	719,61	663,97	619,93
60 000	1230,99	1066,70	950,19	863,53	796,76	743,92
70 000	1436,16	1244,49	1108,56	1007,45	929,55	867,90
80 000	1641,32	1422,27	1266,92	1151,37	1062,34	991,89
90 000	1846,49	1600,06	1425,29	1295,29	1195,14	1115,87
100 000	2051,65	1777,84	1583,65	1439,21	1327,93	1239,86

8¾% Paiement requis pour rembourser mensuellement un prêt personnel

durée du prêt (en mois)

Montant	6	12	18	24	36	48
500	85,47	43,67	29,74	22,79	15,84	12,38
1 000	170,95	87,34	59,48	45,57	31,68	24,77
2 000	341,89	174,67	118,97	91,14	63,37	49,53
3 000	512,84	262,01	178,45	136,71	95,05	74,30
4 000	683,78	349,34	237,93	182,28	126,73	99,07
5 000	854,73	436,68	297,42	227,85	158,42	123,83
6 000	1025,68	524,01	356,90	273,42	190,10	148,60
7 000	1196,62	611,35	416,38	318,99	221,78	173,37
8 000	1367,57	698,68	475,87	364,56	253,47	198,13
9 000	1538,51	786,02	535,35	410,13	285,15	222,90
10 000	1709,46	873,36	594,83	455,70	316,84	247,67
15 000	2564,19	1310,03	892,25	683,55	475,25	371,50
20 000	3418,92	1746,71	1189,66	911,40	633,67	495,33
25 000	4273,65	2183,39	1487,08	1139,25	792,09	619,16
30 000	5128,38	2620,07	1784,49	1367,10	950,51	743,00
35 000	5983,11	3056,75	2081,91	1594,95	1108,92	866,83
40 000	6837,84	3493,42	2379,33	1822,80	1267,34	990,66
45 000	7692,57	3930,10	2676,74	2050,66	1425,76	1114,49
50 000	8547,29	4366,78	2974,16	2278,51	1584,18	1238,33
60 000	10256,75	5240,14	3568,99	2734,21	1901,01	1485,99
70 000	11966,21	6113,49	4163,82	3189,91	2217,85	1733,66
80 000	13675,67	6986,85	4758,65	3645,61	2534,68	1981,32
90 000	15385,13	7860,20	5353,48	4101,31	2851,52	2228,99
100 000	17094,59	8733,56	5948,31	4557,01	3168,35	2476,65

Palement requis pour rembourser mensuellement un prêt personnel

$8\frac{3}{4}\%$

Montant	durée du prêt (en années)					
	5	6	7	8	9	10
500	10,32	8,95	7,98	7,26	6,71	6,27
1 000	20,64	17,90	15,96	14,52	13,41	12,53
2 000	41,27	35,80	31,92	29,04	26,82	25,07
3 000	61,91	53,71	47,89	43,56	40,23	37,60
4 000	82,55	71,61	63,85	58,08	53,64	50,13
5 000	103,19	89,51	79,81	72,60	67,05	62,66
6 000	123,82	107,41	95,77	87,13	80,46	75,20
7 000	144,46	125,31	111,74	101,65	93,88	87,73
8 000	165,10	143,21	127,70	116,17	107,29	100,26
9 000	185,74	161,12	143,66	130,69	120,70	112,79
10 000	206,37	179,02	159,62	145,21	134,11	125,33
15 000	309,56	268,53	239,44	217,81	201,16	187,99
20 000	412,74	358,03	319,25	290,42	268,22	250,65
25 000	515,93	447,54	399,06	363,02	335,27	313,32
30 000	619,12	537,05	478,87	435,63	402,32	375,98
35 000	722,30	626,56	558,69	508,23	469,38	438,64
40 000	825,49	716,07	638,50	580,83	536,43	501,31
45 000	928,68	805,58	718,31	653,44	603,48	563,97
50 000	1031,86	895,09	798,12	726,04	670,54	626,63
60 000	1238,23	1074,10	957,75	871,25	804,65	751,96
70 000	1444,61	1253,12	1117,37	1016,46	938,75	877,29
80 000	1650,98	1432,14	1277,00	1161,67	1072,86	1002,61
90 000	1857,35	1611,15	1436,62	1306,88	1206,97	1127,94
100 000	2063,72	1790,17	1596,25	1452,08	1341,08	1253,27

9%

Paiement requis pour rembourser mensuellement un prêt personnel

Montant	durée du prêt (en mois)					
	6	12	18	24	36	48
500	85,53	43,73	29,80	22,84	15,90	12,44
1 000	171,07	87,45	59,60	45,68	31,80	24,89
2 000	342,14	174,90	119,20	91,37	63,60	49,77
3 000	513,21	262,35	178,79	137,05	95,40	74,66
4 000	684,28	349,81	238,39	182,74	127,20	99,54
5 000	855,34	437,26	297,99	228,42	159,00	124,43
6 000	1026,41	524,71	357,59	274,11	190,80	149,31
7 000	1197,48	612,16	417,18	319,79	222,60	174,20
8 000	1368,55	699,61	476,78	365,48	254,40	199,08
9 000	1539,62	787,06	536,38	411,16	286,20	223,97
10 000	1710,69	874,52	595,98	456,85	318,00	248,85
15 000	2566,03	1311,77	893,96	685,27	477,00	373,28
20 000	3421,38	1749,03	1191,95	913,69	635,99	497,70
25 000	4276,72	2186,29	1489,94	1142,12	794,99	622,13
30 000	5132,06	2623,55	1787,93	1370,54	953,99	746,55
35 000	5987,41	3060,80	2085,92	1598,96	1112,99	870,98
40 000	6842,75	3498,06	2383,90	1827,39	1271,99	995,40
45 000	7698,10	3935,32	2681,89	2055,81	1430,99	1119,83
50 000	8553,44	4372,58	2979,88	2284,24	1589,99	1244,25
60 000	10264,13	5247,09	3575,86	2741,08	1907,98	1493,10
70 000	11974,82	6121,61	4171,83	3197,93	2225,98	1741,95
80 000	13685,50	6996,12	4767,81	3654,78	2543,98	1990,80
90 000	15396,19	7870,64	5363,78	4111,62	2861,97	2239,65
100 000	17106,88	8745,15	5959,76	4568,47	3179,97	2488,50

Paiement requis pour rembourser mensuellement un prêt personnel **9%**

Montant	durée du prêt (en années)					
	5	6	7	8	9	10
500	10,38	9,01	8,04	7,33	6,77	6,33
1 000	20,76	18,03	16,09	14,65	13,54	12,67
2 000	41,52	36,05	32,18	29,30	27,09	25,34
3 000	62,28	54,08	48,27	43,95	40,63	38,00
4 000	83,03	72,10	64,36	58,60	54,17	50,67
5 000	103,79	90,13	80,45	73,25	67,71	63,34
6 000	124,55	108,15	96,53	87,90	81,26	76,01
7 000	145,31	126,18	112,62	102,55	94,80	88,67
8 000	166,07	144,20	128,71	117,20	108,34	101,34
9 000	186,83	162,23	144,80	131,85	121,89	114,01
10 000	207,58	180,26	160,89	146,50	135,43	126,68
15 000	311,38	270,38	241,34	219,75	203,14	190,01
20 000	415,17	360,51	321,78	293,00	270,86	253,35
25 000	518,96	450,64	402,23	366,26	338,57	316,69
30 000	622,75	540,77	482,67	439,51	406,29	380,03
35 000	726,54	630,89	563,12	512,76	474,00	443,37
40 000	830,34	721,02	643,56	586,01	541,72	506,70
45 000	934,13	811,15	724,01	659,26	609,43	570,04
50 000	1037,92	901,28	804,46	732,51	677,15	633,38
60 000	1245,50	1081,53	965,35	879,01	812,57	760,06
70 000	1453,09	1261,79	1126,24	1025,51	948,00	886,73
80 000	1660,67	1442,04	1287,13	1172,02	1083,43	1013,41
90 000	1868,26	1622,30	1448,02	1318,52	1218,86	1140,08
100 000	2075,84	1802,55	1608,91	1465,02	1354,29	1266,76

9¼%

Paiement requis pour rembourser mensuellement un prêt personnel

durée du prêt (en mois)

Montant	6	12	18	24	36	48
500	85,60	43,78	29,86	22,90	15,96	12,50
1 000	171,19	87,57	59,71	45,80	31,92	25,00
2 000	342,38	175,13	119,42	91,60	63,83	50,01
3 000	513,58	262,70	179,14	137,40	95,75	75,01
4 000	684,77	350,27	238,85	183,20	127,66	100,02
5 000	855,96	437,84	298,56	229,00	159,58	125,02
6 000	1027,15	525,40	358,27	274,80	191,50	150,02
7 000	1198,34	612,97	417,99	320,60	223,41	175,03
8 000	1369,54	700,54	477,70	366,40	255,33	200,03
9 000	1540,73	788,11	537,41	412,20	287,25	225,04
10 000	1711,92	875,67	597,12	458,00	319,16	250,04
15 000	2567,88	1313,51	895,68	686,99	478,74	375,06
20 000	3423,84	1751,35	1194,25	915,99	638,32	500,08
25 000	4279,80	2189,19	1492,81	1144,99	797,91	625,10
30 000	5135,76	2627,02	1791,37	1373,99	957,49	750,12
35 000	5991,72	3064,86	2089,93	1602,98	1117,07	875,14
40 000	6847,68	3502,70	2388,49	1831,98	1276,65	1000,16
45 000	7703,64	3940,54	2687,05	2060,98	1436,23	1125,18
50 000	8559,60	4378,37	2985,62	2289,98	1595,81	1250,20
60 000	10271,52	5254,05	3582,74	2747,97	1914,97	1500,24
70 000	11983,44	6129,72	4179,86	3205,97	2234,13	1750,27
80 000	13695,36	7005,40	4776,99	3663,96	2553,30	2000,31
90 000	15407,28	7881,07	5374,11	4121,96	2872,46	2250,35
100 000	17119.20	8756.75	5971.23	4579.95	3191,62	2500,39

Paiement requis pour rembourser mensuellement un prêt personnel $9\frac{1}{4}\%$

	durée du prêt (en années)					
Montant	5	6	7	8	9	10
500	10,44	9,07	8,11	7,39	6,84	6,40
1 000	20,88	18,15	16,22	14,78	13,68	12,80
2 000	41,76	36,30	32,43	29,56	27,35	25,61
3 000	62,64	54,45	48,65	44,34	41,03	38,41
4 000	83,52	72,60	64,86	59,12	54,70	51,21
5 000	104,40	90,75	81,08	73,90	68,38	64,02
6 000	125,28	108,90	97,30	88,68	82,05	76,82
7 000	146,16	127,05	113,51	103,46	95,73	89,62
8 000	167,04	145,20	129,73	118,24	109,41	102,43
9 000	187,92	163,35	145,95	133,02	123,08	115,23
10 000	208,80	181,50	162,16	147,80	136,76	128,03
15 000	313,20	272,25	243,24	221,70	205,14	192,05
20 000	417,60	363,00	324,32	295,60	273,52	256,07
25 000	522,00	453,75	405,41	369,51	341,89	320,08
30 000	626,40	544,50	486,49	443,41	410,27	384,10
35 000	730,80	635,25	567,57	517,31	478,65	448,11
40 000	835,20	725,99	648,65	591,21	547,03	512,13
45 000	939,60	816,74	729,73	665,11	615,41	576,15
50 000	1043,99	907,49	810,81	739,01	683,79	640,16
60 000	1252,79	1088,99	972,97	886,81	820,55	768,20
70 000	1461,59	1270,49	1135,14	1034,62	957,30	896,23
80 000	1670,39	1451,99	1297,30	1182,42	1094,06	1024,26
90 000	1879,19	1633,49	1459,46	1330,22	1230,82	1152,29
100 000	2087,99	1814,99	1621,62	1478,02	1367,58	1280,33

$9\frac{1}{2}\%$ — Paiement requis pour rembourser mensuellement un prêt personnel

Montant	durée du prêt (en mois)					
	6	12	18	24	36	48
500	85,66	43,84	29,91	22,96	16,02	12,56
1 000	171,32	87,68	59,83	45,91	32,03	25,12
2 000	342,63	175,37	119,65	91,83	64,07	50,25
3 000	513,95	263,05	179,48	137,74	96,10	75,37
4 000	685,26	350,73	239,31	183,66	128,13	100,49
5 000	856,58	438,42	299,14	229,57	160,17	125,62
6 000	1027,89	526,10	358,96	275,49	192,20	150,74
7 000	1199,21	613,78	418,79	321,40	224,23	175,86
8 000	1370,52	701,47	478,62	367,32	256,26	200,99
9 000	1541,84	789,15	538,44	413,23	288,30	226,11
10 000	1713,15	876,83	598,27	459,15	320,33	251,23
15 000	2569,73	1315,25	897,41	688,72	480,50	376,85
20 000	3426,30	1753,67	1196,54	918,29	640,66	502,46
25 000	4282,88	2192,09	1495,68	1147,86	800,83	628,08
30 000	5139,46	2630,50	1794,81	1377,44	960,99	753,70
35 000	5996,03	3068,92	2093,95	1607,01	1121,16	879,31
40 000	6852,61	3507,34	2393,08	1836,58	1281,32	1004,93
45 000	7709,18	3945,75	2692,22	2066,15	1441,49	1130,54
50 000	8565,76	4384,17	2991,36	2295,73	1601,65	1256,16
60 000	10278,91	5261,00	3589,63	2754,87	1921,98	1507,39
70 000	11992,06	6137,84	4187,90	3214,02	2242,31	1758,62
80 000	13705,22	7014,67	4786,17	3673,16	2562,64	2009,86
90 000	15418,37	7891,51	5384,44	4132,31	2882,97	2261,09
100 000	17131,52	8768,34	5982,71	4591,45	3203,30	2512,32

Paiement requis pour rembourser mensuellement un prêt personnel   9½%

| Montant | \multicolumn{6}{c}{durée du prêt (en années)} | | | | | |
	5	6	7	8	9	10
500	10,50	9,14	8,17	7,46	6,90	6,47
1 000	24,00	18,27	16,34	14,91	13,81	12,94
2 000	42,00	36,55	32,69	29,82	27,62	25,88
3 000	63,01	54,82	49,03	44,73	41,43	38,82
4 000	84,01	73,10	65,38	59,64	55,24	51,76
5 000	105,01	91,37	81,72	74,55	69,05	64,70
6 000	126,01	109,65	98,06	89,47	82,86	77,64
7 000	147,01	127,92	114,41	104,38	96,67	90,58
8 000	168,02	146,20	130,75	119,29	110,48	103,52
9 000	189,02	164,47	147,10	134,20	124,28	116,46
10 000	210,02	182,75	163,44	149,11	138,09	129,40
15 000	315,03	274,12	245,16	223,66	207,14	194,10
20 000	420,04	365,49	326,88	298,22	276,19	258,80
25 000	525,05	456,87	408,60	372,77	345,24	323,50
30 000	630,06	548,24	490,32	447,33	414,28	388,19
35 000	735,07	639,61	572,04	521,88	483,33	452,89
40 000	840,08	730,99	653,76	596,44	552,38	517,59
45 000	945,09	822,36	735,48	670,99	621,42	582,29
50 000	1050,10	913,74	817,20	745,55	690,47	646,99
60 000	1260,11	1096,48	980,64	894,65	828,56	776,39
70 000	1470,13	1279,23	1144,08	1043,76	966,66	905,79
80 000	1680,15	1461,98	1307,52	1192,87	1104,75	1035,18
90 000	1890,17	1644,72	1470,96	1341,98	1242,85	1164,58
100 000	2100,19	1827,47	1634,40	1491,09	1380,94	1293,98

9¾%

Paiement requis pour rembourser mensuellement un prêt personnel

durée du prêt (en mois)

Montant	6	12	18	24	36	48
500	85,72	43,90	29,97	23,01	16,07	12,62
1 000	171,44	87,80	59,94	46,03	32,15	25,24
2 000	342,88	175,60	119,88	92,06	64,30	50,49
3 000	514,31	263,40	179,83	138,09	96,45	75,73
4 000	685,75	351,20	239,77	184,12	128,60	100,97
5 000	857,19	439,00	299,71	230,15	160,75	126,21
6 000	1028,63	526,80	359,65	276,18	192,90	151,46
7 000	1200,07	614,60	419,59	322,21	225,05	176,70
8 000	1371,51	702,40	479,54	368,24	257,20	201,94
9 000	1542,94	790,20	539,48	414,27	289,35	227,18
10 000	1714,38	878,00	599,42	460,30	321,50	252,43
15 000	2571,57	1316,99	899,13	690,44	482,25	378,64
20 000	3428,76	1755,99	1198,84	920,59	643,00	504,85
25 000	4285,96	2194,99	1498,55	1150,74	803,75	631,07
30 000	5143,15	2633,99	1798,26	1380,89	964,50	757,28
35 000	6000,34	3072,99	2097,97	1611,04	1125,25	883,49
40 000	6857,53	3511,99	2397,68	1841,18	1286,00	1009,71
45 000	7714,72	3950,98	2697,39	2071,33	1446,75	1135,92
50 000	8571,91	4389,98	2997,10	2301,48	1607,50	1262,13
60 000	10286,29	5267,98	3596,52	2761,78	1929,00	1514,56
70 000	12000,67	6145,98	4195,94	3222,07	2250,50	1766,99
80 000	13715,06	7023,97	4795,36	3682,37	2572,00	2019,42
90 000	15429,44	7901,97	5394,78	4142,67	2893,49	2271,84
100 000	17143,82	8779,97	5994,20	4602,96	3214,99	2524,27

Paiement requis pour rembourser mensuellement un prêt personnel   9¾%

Montant	durée du prêt (en années)					
	5	6	7	8	9	10
500	10,56	9,20	8,24	7,52	6,97	6,54
1 000	21,12	18,40	16,47	15,04	13,94	13,08
2 000	42,25	36,80	32,94	30,08	27,89	26,15
3 000	63,37	55,20	49,42	45,13	41,83	39,23
4 000	84,50	73,60	65,89	60,17	55,77	52,31
5 000	105,62	92,00	82,36	75,21	69,72	65,39
6 000	126,75	110,40	98,83	90,25	83,66	78,46
7 000	147,87	128,80	115,31	105,30	97,61	91,54
8 000	168,99	147,20	131,78	120,34	111,55	104,62
9 000	190,12	165,60	148,25	135,38	125,49	117,69
10 000	211,24	184,00	164,72	150,42	139,44	130,77
15 000	316,86	276,00	247,08	225,63	209,15	196,16
20 000	422,48	368,00	329,45	300,84	278,87	261,54
25 000	528,11	460,00	411,81	376,06	348,59	326,93
30 000	633,73	552,00	494,17	451,27	418,31	392,31
35 000	739,35	644,00	576,53	526,48	488,03	457,70
40 000	844,97	736,00	658,89	601,69	557,75	523,08
45 000	950,59	828,00	741,25	676,90	627,46	588,47
50 000	1056,21	920,00	823,61	752,11	697,18	653,85
60 000	1267,45	1104,00	988,34	902,53	836,62	784,62
70 000	1478,70	1288,00	1153,06	1052,95	976,06	915,39
80 000	1689,94	1472,00	1317,78	1203,38	1115,49	1046,16
90 000	1901,18	1656,00	1482,51	1353,80	1254,93	1176,93
100 000	2112,42	1840,00	1647,23	1504,22	1394,37	1307,70

10%

Paiement requis pour rembourser mensuellement un prêt personnel

Montant	durée du prêt (en mois)					
	6	12	18	24	36	48
500	85,78	43,96	30,03	23,07	16,13	12,68
1 000	171,56	87,92	60,06	46,14	32,27	25,36
2 000	343,12	175,83	120,11	92,29	64,53	50,73
3 000	514,68	263,75	180,17	138,43	96,80	76,09
4 000	686,24	351,66	240,23	184,58	129,07	101,45
5 000	857,81	439,58	300,29	230,72	161,34	126,81
6 000	1029,37	527,50	360,34	276,87	193,60	152,18
7 000	1200,93	615,41	420,40	323,01	225,87	177,54
8 000	1372,49	703,33	480,46	369,16	258,14	202,90
9 000	1544,05	791,24	540,51	415,30	290,40	228,26
10 000	1715,61	879,16	600,57	461,45	322,67	253,63
15 000	2573,42	1318,74	900,86	692,17	484,01	380,44
20 000	3431,22	1758,32	1201,14	922,90	645,34	507,25
25 000	4289,03	2197,90	1501,43	1153,62	806,68	634,07
30 000	5146,83	2637,48	1801,71	1384,35	968,02	760,88
35 000	6004,64	3077,06	2102,00	1615,07	1129,35	887,69
40 000	6862,44	3516,64	2402,28	1845,80	1290,69	1014,50
45 000	7720,25	3956,22	2702,57	2076,52	1452,02	1141,32
50 000	8578,05	4395,80	3002,86	2307,25	1613,36	1268,13
60 000	10293,66	5274,95	3603,43	2768,69	1936,03	1521,76
70 000	12009,27	6154,11	4204,00	3230,14	2258,70	1775,38
80 000	13724,88	7033,27	4804,57	3691,59	2581,38	2029,01
90 000	15440,49	7912,43	5405,14	4153,04	2904,05	2282,63
100 000	17156,10	8791,59	6005,71	4614,49	3226,72	2536,26

Palement requis pour rembourser mensuellement un prêt personnel   **10%**

Montant	durée du prêt (en années)					
	5	**6**	**7**	**8**	**9**	**10**
500	10,62	9,26	8,30	7,59	7,04	6,61
1 000	21,25	18,53	16,60	15,17	14,08	13,22
2 000	42,49	37,05	33,20	30,35	28,16	26,43
3 000	63,74	55,58	49,80	45,52	42,24	39,65
4 000	84,99	74,10	66,40	60,70	56,31	52,86
5 000	106,24	92,63	83,01	75,87	70,39	66,08
6 000	127,48	111,15	99,61	91,04	84,47	79,29
7 000	148,73	129,68	116,21	106,22	98,55	92,51
8 000	169,98	148,21	132,81	121,39	112,63	105,72
9 000	191,22	166,73	149,41	136,57	126,71	118,94
10 000	212,47	185,26	166,01	151,74	140,79	132,15
15 000	318,71	277,89	249,02	227,61	211,18	198,23
20 000	424,94	370,52	332,02	303,48	281,57	264,30
25 000	531,18	463,15	415,03	379,35	351,97	330,38
30 000	637,41	555,77	498,04	455,22	422,36	396,45
35 000	743,65	648,40	581,04	531,09	492,75	462,53
40 000	849,88	741,03	664,05	606,96	563,15	528,60
45 000	956,12	833,66	747,05	682,83	633,54	594,68
50 000	1062,35	926,29	830,06	758,71	703,94	660,76
60 000	1274,82	1111,55	996,07	910,45	844,72	792,91
70 000	1487,29	1296,81	1162,08	1062,19	985,51	925,06
80 000	1699,76	1482,06	1328,10	1213,93	1126,30	1057,21
90 000	1912,23	1667,32	1494,11	1365,67	1267,08	1189,36
100 000	2124,70	1852,58	1660,12	1517,41	1407,87	1321,51

Montant	durée du prêt (en mois)					
	6	12	18	24	36	48
500	85,84	44,02	30,09	23,13	16,19	12,74
1 000	171,68	88,03	60,17	46,26	32,38	25,48
2 000	343,37	176,06	120,34	92,52	64,77	50,97
3 000	515,05	264,10	180,52	138,78	97,15	76,45
4 000	686,74	352,13	240,69	185,04	129,54	101,93
5 000	858,42	440,16	300,86	231,30	161,92	127,41
6 000	1030,11	528,19	361,03	277,56	194,31	152,90
7 000	1201,79	616,23	421,21	323,82	226,69	178,38
8 000	1373,48	704,26	481,38	370,08	259,08	203,86
9 000	1545,16	792,29	541,55	416,34	291,46	229,35
10 000	1716,85	880,32	601,72	462,60	323,85	254,83
15 000	2575,27	1320,48	902,58	693,91	485,77	382,24
20 000	3433,69	1760,65	1203,45	925,21	647,69	509,66
25 000	4292,11	2200,81	1504,31	1156,51	809,62	637,07
30 000	5150,54	2640,97	1805,17	1387,81	971,54	764,48
35 000	6008,96	3081,13	2106,03	1619,11	1133,46	891,90
40 000	6867,38	3521,29	2406,89	1850,42	1295,39	1019,31
45 000	7725,80	3961,45	2707,75	2081,72	1457,31	1146,73
50 000	8584,23	4401,62	3008,62	2313,02	1619,24	1274,14
60 000	10301,07	5281,94	3610,34	2775,62	1943,08	1528,97
70 000	12017,92	6162,26	4212,06	3238,23	2266,93	1783,80
80 000	13734,76	7042,58	4813,78	3700,83	2590,78	2038,62
90 000	15451,61	7922,91	5415,51	4163,44	2914,62	2293,45
100 000	17168,45	8803,23	6017,23	4626,04	3238,47	2548,28

Paiement requis pour rembourser mensuellement un prêt personnel 10¼%

Montant	durée du prêt (en années)					
	5	6	7	8	9	10
500	10,69	9,33	8,37	7,65	7,11	6,68
1 000	21,37	18,65	16,73	15,31	14,21	13,35
2 000	42,74	37,30	33,46	30,61	28,43	26,71
3 000	64,11	55,96	50,19	45,92	42,64	40,06
4 000	85,48	74,61	66,92	61,23	56,86	53,42
5 000	106,85	93,26	83,65	76,53	71,07	66,77
6 000	128,22	111,91	100,38	91,84	85,29	80,12
7 000	149,59	130,57	117,11	107,15	99,50	93,48
8 000	170,96	149,22	133,85	122,45	113,72	106,83
9 000	192,33	167,87	150,58	137,76	127,93	120,19
10 000	213,70	186,52	167,31	153,07	142,14	133,54
15 000	320,55	279,78	250,96	229,60	213,22	200,31
20 000	427,41	373,04	334,61	306,14	284,29	267,08
25 000	534,26	466,31	418,27	382,67	355,36	333,85
30 000	641,11	559,57	501,92	459,20	426,43	400,62
35 000	747,96	652,83	585,57	535,74	497,50	467,39
40 000	854,81	746,09	669,23	612,27	568,58	534,16
45 000	961,66	839,35	752,88	688,81	639,65	600,93
50 000	1068,52	932,61	836,54	765,34	710,72	667,70
60 000	1282,22	1119,13	1003,84	918,41	852,86	801,23
70 000	1495,92	1305,65	1171,15	1071,48	995,01	934,77
80 000	1709,62	1492,18	1338,46	1224,54	1137,15	1068,31
90 000	1923,33	1678,70	1505,76	1377,61	1279,30	1201,85
100 000	2137,03	1865,22	1673,07	1530,68	1421,44	1335,39

10½% Paiement requis pour rembourser mensuellement un prêt personnel

Montant	durée du prêt (en mois)					
	6	12	18	24	36	48
500	85,90	44,07	30,14	23,19	16,25	12,80
1 000	171,81	88,15	60,29	46,38	32,50	25,60
2 000	343,62	176,30	120,58	92,75	65,00	51,21
3 000	515,42	264,45	180,86	139,13	97,51	76,81
4 000	687,23	352,59	241,15	185,50	130,01	102,41
5 000	859,04	440,74	301,44	231,88	162,51	128,02
6 000	1030,85	528,89	361,73	278,26	195,01	153,62
7 000	1202,65	617,04	422,01	324,63	227,52	179,22
8 000	1374,46	705,19	482,30	371,01	260,02	204,83
9 000	1546,27	793,34	542,59	417,38	292,52	230,43
10 000	1718,08	881,49	602,88	463,76	325,02	256,03
15 000	2577,12	1322,23	904,31	695,64	487,54	384,05
20 000	3436,16	1762,97	1205,75	927,52	650,05	512,07
25 000	4295,20	2203,72	1507,19	1159,40	812,56	640,09
30 000	5154,23	2644,46	1808,63	1391,28	975,07	768,10
35 000	6013,27	3085,20	2110,06	1623,16	1137,58	896,12
40 000	6872,31	3525,94	2411,50	1855,04	1300,10	1024,14
45 000	7731,35	3966,69	2712,94	2086,92	1462,61	1152,15
50 000	8590,39	4407,43	3014,38	2318,80	1625,12	1280,17
60 000	10308,47	5288,92	3617,25	2782,56	1950,14	1536,20
70 000	12026,55	6170,40	4220,13	3246,32	2275,17	1792,24
80 000	13744,62	7051,89	4823,00	3710,08	2600,19	2048,27
90 000	15462,70	7933,37	5425,88	4173,84	2925,22	2304,31
100 000	17180,78	8814,86	6028,75	4637,60	3250,24	2560,34

Paiement requis pour rembourser mensuellement un prêt personnel $10\frac{1}{2}\%$

Montant	durée du prêt (en années)					
	5	6	7	8	9	10
500	10,75	9,39	8,43	7,72	7,18	6,75
1 000	21,49	18,78	16,86	15,44	14,35	13,49
2 000	42,99	37,56	33,72	30,88	28,70	26,99
3 000	64,48	56,34	50,58	46,32	43,05	40,48
4 000	85,98	75,12	67,44	61,76	57,40	53,97
5 000	107,47	93,90	84,30	77,20	71,75	67,47
6 000	128,96	112,67	101,16	92,64	86,11	80,96
7 000	150,46	131,45	118,02	108,08	100,46	94,45
8 000	171,95	150,23	134,89	123,52	114,81	107,95
9 000	193,45	169,01	151,75	138,96	129,16	121,44
10 000	214,94	187,79	168,61	154,40	143,51	134,94
15 000	322,41	281,69	252,91	231,60	215,26	202,40
20 000	429,88	375,58	337,21	308,80	287,02	269,87
25 000	537,35	469,48	421,52	386,00	358,77	337,34
30 000	644,82	563,37	505,82	463,20	430,53	404,81
35 000	752,29	657,27	590,12	540,40	502,28	472,27
40 000	859,76	751,16	674,43	617,60	574,04	539,74
45 000	967,23	845,06	758,73	694,80	645,79	607,21
50 000	1074,70	938,95	843,04	772,00	717,55	674,68
60 000	1289,63	1126,74	1011,64	926,40	861,05	809,61
70 000	1504,57	1314,53	1180,25	1080,80	1004,56	944,55
80 000	1719,51	1502,32	1348,86	1235,20	1148,07	1079,48
90 000	1934,45	1690,11	1517,46	1389,60	1291,58	1214,42
100 000	2149,39	1877,90	1686,07	1544,00	1435,09	1349,35

Montant	durée du prêt (en mois)					
	6	12	18	24	36	48
500	85,97	44,13	30,20	23,25	16,31	12,86
1 000	171,93	88,27	60,40	46,49	32,62	25,72
2 000	343,86	176,53	120,81	92,98	65,24	51,45
3 000	515,79	264,80	181,21	139,48	97,86	77,17
4 000	687,72	353,06	241,61	185,97	130,48	102,90
5 000	859,66	441,33	302,02	232,46	163,10	128,62
6 000	1031,59	529,59	362,42	278,95	195,72	154,35
7 000	1203,52	617,86	422,82	325,44	228,34	180,07
8 000	1375,45	706,12	483,22	371,94	260,96	205,79
9 000	1547,38	794,39	543,63	418,43	293,58	231,52
10 000	1719,31	882,65	604,03	464,92	326,21	257,24
15 000	2578,97	1323,98	906,05	697,38	489,31	385,86
20 000	3438,62	1765,30	1208,06	929,84	652,41	514,49
25 000	4298,28	2206,63	1510,08	1162,30	815,51	643,11
30 000	5157,93	2647,95	1812,09	1394,76	978,62	771,73
35 000	6017,59	3089,28	2114,11	1627,22	1141,72	900,35
40 000	6877,24	3530,60	2416,12	1859,68	1304,82	1028,97
45 000	7736,90	3971,93	2718,14	2092,14	1467,92	1157,59
50 000	8596,56	4413,26	3020,15	2324,60	1631,03	1286,22
60 000	10315,87	5295,91	3624,18	2789,51	1957,23	1543,46
70 000	12035,18	6178,56	4228,21	3254,43	2283,44	1800,70
80 000	13754,49	7061,21	4832,24	3719,35	2609,64	2057,94
90 000	15473,80	7943,86	5436,27	4184,27	2935,85	2315,19
100 000	17193,11	8826,51	6040,30	4649,19	3262,05	2572,43

Palement requis pour rembourser mensuellement un prêt personnel $10^3/_4\%$

Montant	durée du prêt (en années)					
	5	6	7	8	9	10
500	10,81	9,45	8,50	7,79	7,24	6,82
1 000	21,62	18,91	16,99	15,57	14,49	13,63
2 000	43,24	37,81	33,98	31,15	28,98	27,27
3 000	64,85	56,72	50,97	46,72	43,46	40,90
4 000	86,47	75,63	67,97	62,30	57,95	54,54
5 000	108,09	94,53	84,96	77,87	72,44	68,17
6 000	129,71	113,44	101,95	93,44	86,93	81,80
7 000	151,33	132,34	118,94	109,02	101,42	95,44
8 000	172,94	151,25	135,93	124,59	115,90	109,07
9 000	194,56	170,16	152,92	140,17	130,39	122,70
10 000	216,18	189,06	169,91	155,74	144,88	136,34
15 000	324,27	283,59	254,87	233,61	217,32	204,51
20 000	432,36	378,13	339,83	311,48	289,76	272,68
25 000	540,45	472,66	424,78	389,35	362,20	340,85
30 000	648,54	567,19	509,74	467,22	434,64	409,01
35 000	756,63	661,72	594,70	545,09	507,08	477,18
40 000	864,72	756,25	679,65	622,96	579,52	545,35
45 000	972,81	850,78	764,61	700,83	651,96	613,52
50 000	1080,90	945,32	849,57	778,70	724,40	681,69
60 000	1297,07	1134,38	1019,48	934,43	869,28	818,03
70 000	1513,25	1323,44	1189,39	1090,17	1014,16	954,37
80 000	1729,43	1512,50	1359,30	1245,91	1159,04	1090,70
90 000	1945,61	1701,57	1529,22	1401,65	1303,92	1227,04
100 000	2161,79	1890,63	1699,13	1557,39	1448,80	1363,38

Paiement requis pour rembourser mensuellement un prêt personnel

durée du prêt (en mois)

Montant	6	12	18	24	36	48
500	86,03	44,19	30,26	23,30	16,37	12,92
1 000	172,05	88,38	60,52	46,61	32,74	25,85
2 000	344,11	176,76	121,04	93,22	65,48	51,69
3 000	516,16	265,15	181,56	139,82	98,22	77,54
4 000	688,22	353,53	242,07	186,43	130,95	103,38
5 000	860,27	441,91	302,59	233,04	163,69	129,23
6 000	1032,33	530,29	363,11	279,65	196,43	155,07
7 000	1204,38	618,67	423,63	326,26	229,17	180,92
8 000	1376,44	707,05	484,15	372,86	261,91	206,76
9 000	1548,49	795,44	544,67	419,47	294,65	232,61
10 000	1720,55	883,82	605,19	466,08	327,39	258,46
15 000	2580,82	1325,73	907,78	699,12	491,08	387,68
20 000	3441,10	1767,63	1210,37	932,16	654,77	516,91
25 000	4301,37	2209,54	1512,96	1165,20	818,47	646,14
30 000	5161,64	2651,45	1815,56	1398,24	982,16	775,37
35 000	6021,92	3093,36	2118,15	1631,28	1145,85	904,59
40 000	6882,19	3535,27	2420,74	1864,32	1309,55	1033,82
45 000	7742,47	3977,18	2723,33	2097,36	1473,24	1163,05
50 000	8602,74	4419,09	3025,93	2330,40	1636,94	1292,28
60 000	10323,29	5302,90	3631,11	2796,47	1964,32	1550,73
70 000	12043,84	6186,72	4236,30	3262,55	2291,71	1809,19
80 000	13764,38	7070,54	4841,48	3728,63	2619,10	2067,64
90 000	15484,93	7954,35	5446,67	4194,71	2946,48	2326,10
100 000	17205,48	8838,17	6051,85	4660,79	3273,87	2584,55

Paiement requis pour rembourser mensuellement un prêt personnel   **11%**

Montant	durée du prêt (en années)					
	5	6	7	8	9	10
500	10,87	9,52	8,56	7,85	7,31	6,89
1 000	21,74	19,03	17,12	15,71	14,63	13,78
2 000	43,49	38,07	34,25	31,42	29,25	27,55
3 000	65,23	57,10	51,37	47,13	43,88	41,33
4 000	86,97	76,14	68,49	62,83	58,50	55,10
5 000	108,71	95,17	85,61	78,54	73,13	68,88
6 000	130,46	114,20	102,74	94,25	87,76	82,65
7 000	152,20	133,24	119,86	109,96	102,38	96,43
8 000	173,94	152,27	136,98	125,67	117,01	110,20
9 000	195,68	171,31	154,10	141,38	131,63	123,98
10 000	217,43	190,34	171,23	157,08	146,26	137,75
15 000	326,14	285,51	256,84	235,63	219,39	206,63
20 000	434,85	380,68	342,45	314,17	292,52	275,50
25 000	543,56	475,85	428,06	392,71	365,65	344,38
30 000	652,28	571,02	513,68	471,25	438,78	413,25
35 000	760,99	666,19	599,29	549,79	511,91	482,13
40 000	869,70	761,36	684,90	628,34	585,04	551,00
45 000	978,41	856,53	770,51	706,88	658,17	619,88
50 000	1087,13	951,71	856,13	785,42	731,30	688,75
60 000	1304,55	1142,05	1027,35	942,50	877,55	826,50
70 000	1521,98	1332,39	1198,58	1099,59	1023,81	964,25
80 000	1739,40	1522,73	1369,80	1256,67	1170,07	1102,00
90 000	1956,83	1713,07	1541,03	1413,76	1316,33	1239,75
100 000	2174,25	1903,41	1712,25	1570,84	1462,59	1377,50

11¼% Paiement requis pour rembourser mensuellement un prêt personnel

Montant	durée du prêt (en mois)					
	6	12	18	24	36	48
500	86,09	4425	30,32	23,36	16,43	12,98
1 000	172,18	88,50	60,63	46,72	32,86	25,97
2 000	344,36	177,00	121,27	93,45	65,71	51,93
3 000	516,53	265,49	181,90	140,17	98,57	77,90
4 000	688,71	353,99	242,54	186,90	131,43	103,87
5 000	860,89	442,49	303,17	233,62	164,29	129,84
6 000	1033,07	530,99	363,81	280,34	197,14	155,80
7 000	1205,25	619,49	424,44	327,07	230,00	181,77
8 000	1377,42	707,99	485,07	373,79	262,86	207,74
9 000	1549,60	796,48	545,71	420,52	295,71	233,70
10 000	1721,78	884,98	606,34	467,24	328,57	259,67
15 000	2582,67	1327,47	909,51	700,86	492,86	389,51
20 000	3443,56	1769,97	1212,68	934,48	657,14	519,34
25 000	4304,45	2212,46	1515,86	1168,10	821,43	649,18
30 000	5165,34	2654,95	1819,03	1401,72	985,72	779,01
35 000	6026,23	3097,44	2122,20	1635,34	1150,00	908,85
40 000	6887,12	3539,93	2425,37	1868,96	1314,29	1038,68
45 000	7748,01	3982,42	2728,54	2102,58	1478,57	1168,52
50 000	8608,90	4424,92	3031,71	2336,20	1642,86	1298,36
60 000	10330,67	5309,90	3638,05	2803,44	1971,43	1558,03
70 000	12052,45	6194,88	4244,39	3270,68	2300,00	1817,70
80 000	13774,23	7079,86	4850,74	3737,92	2628,58	2077,37
90 000	15496,01	7964,85	5457,08	4205,16	2957,15	2337,04
100 000	17217,79	8849,83	6063,42	4672,40	3285,72	2596,71

Paiement requis pour rembourser mensuellement un prêt personnel $11^{1}/_{4}\%$

Montant	durée du prêt (en années)					
	5	6	7	8	9	10
500	10,93	9,58	8,63	7,92	7,38	6,96
1 000	21,87	19,16	17,25	15,84	14,76	13,92
2 000	43,73	38,32	34,51	31,69	29,53	27,83
3 000	65,60	57,49	51,76	47,53	44,29	41,75
4 000	87,47	76,65	69,02	63,37	59,06	55,67
5 000	109,34	95,81	86,27	79,22	73,82	69,58
6 000	131,20	114,97	103,53	95,06	88,59	83,50
7 000	153,07	134,14	120,78	110,91	103,35	97,42
8 000	174,94	153,30	138,03	126,75	118,12	111,34
9 000	196,81	172,46	155,29	142,59	132,88	125,25
10 000	218,67	191,62	172,54	158,44	147,64	139,17
15 000	328,01	287,44	258,81	237,65	221,47	208,75
20 000	437,35	383,25	345,08	316,87	295,29	278,34
25 000	546,68	479,06	431,36	396,09	369,11	347,92
30 000	656,02	574,87	517,63	475,31	442,93	417,51
35 000	765,36	670,68	603,90	554,53	516,75	487,09
40 000	874,69	766,50	690,17	633,74	590,58	556,68
45 000	984,03	862,31	776,44	712,96	664,40	626,26
50 000	1093,37	958,12	862,71	792,18	738,22	695,85
60 000	1312,04	1149,74	1035,25	950,62	885,86	835,01
70 000	1530,71	1341,37	1207,79	1109,05	1033,51	974,18
80 000	1749,38	1532,99	1380,34	1267,49	1181,15	1113,35
90 000	1968,06	1724,62	1552,88	1425,92	1328,80	1252,52
100 000	2186,73	1916,24	1725,42	1584,36	1476,44	1391,69

11½% Paiement requis pour rembourser mensuellement un prêt personnel

Montant	durée du prêt (en mois)					
	6	12	18	24	36	48
500	86,15	44,31	30,38	23,42	16,49	13,04
1 000	172,30	88,62	60,75	46,84	32,98	26,09
2 000	344,60	177,23	121,50	93,68	65,95	52,18
3 000	516,90	265,85	182,25	140,52	98,93	78,27
4 000	689,20	354,46	243,00	187,36	131,90	104,36
5 000	861,51	443,08	303,75	234,20	164,88	130,45
6 000	1033,81	531,69	364,50	281,04	197,86	156,53
7 000	1206,11	620,31	425,25	327,88	230,83	182,62
8 000	1378,41	708,92	486,00	374,72	263,81	208,71
9 000	1550,71	797,54	546,75	421,56	296,78	234,80
10 000	1723,01	886,15	607,50	468,40	329,76	260,89
15 000	2584,52	1329,23	911,25	702,60	494,64	391,34
20 000	3446,02	1772,30	1215,00	936,81	659,52	521,78
25 000	4307,53	2215,38	1518,75	1171,01	824,40	652,23
30 000	5169,03	2658,45	1822,50	1405,21	989,28	782,67
35 000	6030,54	3101,53	2126,25	1639,41	1154,16	913,12
40 000	6892,04	3544,60	2430,00	1873,61	1319,04	1043,56
45 000	7753,55	3987,68	2733,75	2107,81	1483,92	1174,01
50 000	8615,06	4430,75	3037,50	2342,02	1648,80	1304,45
60 000	10338,07	5316,90	3645,00	2810,42	1978,56	1565,34
70 000	12061,08	6203,05	4252,50	3278,82	2308,32	1826,23
80 000	13784,09	7089,20	4860,00	3747,22	2638,08	2087,12
90 000	15507,10	7975,35	5467,50	4215,63	2967,84	2348,01
100 000	17230,11	8861,50	6075,00	4684,03	3297,60	2608,90

Paiement requis pour rembourser mensuellement un prêt personnel **11½%**

Montant	durée du prêt (en années)					
	5	6	7	8	9	10
500	11,00	9,65	8,69	7,99	7,45	7,03
1 000	21,99	19,29	17,39	15,98	14,90	14,06
2 000	43,99	38,58	34,77	31,96	29,81	28,12
3 000	65,98	57,87	52,16	47,94	44,71	42,18
4 000	87,97	77,16	69,55	63,92	59,61	56,24
5 000	109,96	96,46	86,93	79,90	74,52	70,30
6 000	131,96	115,75	104,32	95,88	89,42	84,36
7 000	153,95	135,04	121,70	111,86	104,33	98,42
8 000	175,94	154,33	139,09	127,84	119,23	112,48
9 000	197,93	173,62	156,48	143,81	134,13	126,54
10 000	219,93	192,91	173,86	159,79	149,04	140,60
15 000	329,89	289,37	260,80	239,69	223,55	210,89
20 000	439,85	385,82	347,73	319,59	298,07	281,19
25 000	549,82	482,28	434,66	399,49	372,59	351,49
30 000	659,78	578,73	521,59	479,38	447,11	421,79
35 000	769,74	675,19	608,52	559,28	521,63	492,08
40 000	879,70	771,64	695,46	639,18	596,14	562,38
45 000	989,67	868,10	782,39	719,07	670,66	632,68
50 000	1099,63	964,56	869,32	798,97	745,18	702,98
60 000	1319,56	1157,47	1043,18	958,76	894,22	843,57
70 000	1539,48	1350,38	1217,05	1118,56	1043,25	984,17
80 000	1759,41	1543,29	1390,91	1278,35	1192,29	1124,76
90 000	1979,33	1736,20	1564,78	1438,15	1341,32	1265,36
100 000	2199,26	1929,11	1738,64	1597,94	1490,36	1405,95

11¾% Paiement requis pour rembourser mensuellement un prêt personnel

Montant	durée du prêt (en mois)					
	6	12	18	24	36	48
500	86,21	44,37	30,43	23,48	16,55	13,11
1 000	172,42	88,73	60,87	46,96	33,10	26,21
2 000	344,85	177,46	121,73	93,91	66,19	52,42
3 000	517,27	266,20	182,60	140,87	99,29	78,63
4 000	689,70	354,93	243,46	187,83	132,38	104,85
5 000	862,12	443,66	304,33	234,78	165,48	131,06
6 000	1034,55	532,39	365,20	281,74	198,57	157,27
7 000	1206,97	621,12	426,06	328,70	231,67	183,48
8 000	1379,40	709,86	486,93	375,65	264,76	209,69
9 000	1551,82	798,59	547,79	422,61	297,86	235,90
10 000	1724,25	887,32	608,66	469,57	330,95	262,11
15 000	2586,37	1330,98	912,99	704,35	496,43	393,17
20 000	3448,49	1774,64	1217,32	939,14	661,90	524,23
25 000	4310,62	2218,30	1521,65	1173,92	827,38	655,28
30 000	5172,74	2661,96	1825,98	1408,70	992,85	786,34
35 000	6034,86	3105,62	2130,31	1643,49	1158,33	917,40
40 000	6896,98	3549,28	2434,64	1878,27	1323,80	1048,45
45 000	7759,11	3992,94	2738,97	2113,06	1489,28	1179,51
50 000	8621,23	4436,60	3043,30	2347,84	1654,75	1310,57
60 000	10345,48	5323,91	3651,96	2817,41	1985,70	1572,68
70 000	12069,72	6211,23	4260,62	3286,98	2316,65	1834,79
80 000	13793,97	7098,55	4869,28	3756,54	2647,60	2096,90
90 000	15518,21	7985,87	5477,94	4226,11	2978,55	2359,02
100 000	17242,46	8873,19	6086,60	4695,68	3309,50	2621,13

Montant	durée du prêt (en années)					
	5	6	7	8	9	10
500	11,06	9,71	8,76	8,06	7,52	7,10
1 000	22,12	19,42	17,52	16,12	15,04	14,20
2 000	44,24	38,84	35,04	32,23	30,09	28,41
3 000	66,35	58,26	52,56	48,35	45,13	42,61
4 000	88,47	77,68	70,08	64,46	60,17	56,81
5 000	110,59	97,10	87,60	80,58	75,22	71,02
6 000	132,71	116,52	105,12	96,69	90,26	85,22
7 000	154,83	135,94	122,64	112,81	105,31	99,42
8 000	176,95	155,36	140,15	128,93	120,35	113,62
9 000	199,06	174,78	157,67	145,04	135,39	127,83
10 000	221,18	194,20	175,19	161,16	150,44	142,03
15 000	331,77	291,31	262,79	241,74	225,65	213,05
20 000	442,37	388,41	350,39	322,32	300,87	284,06
25 000	552,96	485,51	437,98	402,90	376,09	355,08
30 000	663,55	582,61	525,58	483,47	451,31	426,09
35 000	774,14	679,71	613,18	564,05	526,53	497,11
40 000	884,73	776,82	700,77	644,63	601,74	568,12
45 000	995,32	873,92	788,37	725,21	676,96	639,14
50 000	1105,92	971,02	875,97	805,79	752,18	710,15
60 000	1327,10	1165,22	1051,16	966,95	902,62	852,18
70 000	1548,28	1359,43	1226,35	1128,11	1053,05	994,21
80 000	1769,46	1553,63	1401,54	1289,26	1203,49	1136,24
90 000	1990,65	1747,84	1576,74	1450,42	1353,92	1278,27
100 000	2211,83	1942,04	1751,93	1611,58	1504,36	1420,30

**Paiement requis pour rembourser
mensuellement un prêt personnel**

Montant	durée du prêt (en mois)					
	6	12	18	24	36	48
500	86,27	44,42	30,49	23,54	16,61	13,17
1 000	172,55	88,85	60,98	47,07	33,21	26,33
2 000	345,10	177,70	121,96	94,15	66,43	52,67
3 000	517,65	266,55	182,95	141,22	99,64	79,00
4 000	690,19	355,40	243,93	188,29	132,86	105,34
5 000	862,74	444,24	304,91	235,37	166,07	131,67
6 000	1035,29	533,09	365,89	282,44	199,29	158,00
7 000	1207,84	621,94	426,87	329,51	232,50	184,34
8 000	1380,39	710,79	487,86	376,59	265,71	210,67
9 000	1552,94	799,64	548,84	423,66	298,93	237,00
10 000	1725,49	888,49	609,82	470,74	332,14	263,34
15 000	2588,23	1332,73	914,73	706,10	498,21	395,01
20 000	3450,97	1776,98	1219,64	941,47	664,29	526,68
25 000	4313,72	2221,22	1524,55	1176,84	830,36	658,35
30 000	5176,46	2665,46	1829,46	1412,21	996,43	790,01
35 000	6039,20	3109,71	2134,37	1647,57	1162,50	921,68
40 000	6901,94	3553,95	2439,28	1882,94	1328,57	1053,35
45 000	7764,69	3998,20	2744,19	2118,31	1494,64	1185,02
50 000	8627,43	4442,44	3049,10	2353,68	1660,72	1316,69
60 000	10352,92	5330,93	3658,92	2824,41	1992,86	1580,03
70 000	12078,40	6219,42	4268,74	3295,15	2325,00	1843,37
80 000	13803,89	7107,90	4878,59	3765,88	2657,14	2106,70
90 000	15529,37	7996,39	5488,38	4236,62	2989,29	2370,04
100 000	17254,86	8884,88	6098,20	4707,35	3321,43	2633,38

Paiement requis pour rembourser mensuellement un prêt personnel

12%

Montant	durée du prêt (en années)					
	5	6	7	8	9	10
500	11,12	9,78	8,83	8,13	7,59	7,17
1 000	22,24	19,55	17,65	16,25	15,18	14,35
2 000	44,49	39,10	35,31	32,51	30,37	28,69
3 000	66,73	58,65	52,96	48,76	45,55	43,04
4 000	88,98	78,20	70,61	65,01	60,74	57,39
5 000	111,22	97,75	88,26	81,26	75,92	71,74
6 000	133,47	117,30	105,92	97,52	91,11	86,08
7 000	155,71	136,85	123,57	113,77	106,29	100,43
8 000	177,96	156,40	141,22	130,02	121,47	114,78
9 000	200,20	175,95	158,87	146,28	136,66	129,12
10 000	222,44	195,50	176,53	162,53	151,84	143,47
15 000	333,67	293,25	264,79	243,79	227,76	215,21
20 000	444,89	391,00	353,05	325,06	303,68	286,94
25 000	556,11	488,76	441,32	406,32	379,61	358,68
30 000	667,33	586,51	529,58	487,58	455,53	430,41
35 000	778,55	684,26	617,84	568,85	531,45	502,15
40 000	889,78	782,01	706,11	650,11	607,37	573,88
45 000	1001,00	879,76	794,37	731,38	683,29	645,62
50 000	1112,22	977,51	882,64	812,64	759,21	717,36
60 000	1334,66	1173,01	1059,16	975,17	911,05	860,83
70 000	1557,11	1368,51	1235,69	1137,70	1062,89	1004,30
80 000	1779,55	1564,02	1412,22	1300,22	1214,74	1147,77
90 000	2002,00	1759,52	1588,74	1462,75	1366,58	1291,24
100 000	2224,44	1955,02	1765,27	1625,28	1518,42	1434,71

12¼% Paiement requis pour rembourser mensuellement un prêt personnel

durée du prêt (en mois)

Montant	6	12	18	24	36	48
500	86,34	44,48	30,55	23,60	16,67	13,23
1 000	172,67	88,97	61,10	47,19	33,33	26,46
2 000	345,34	177,93	122,20	94,38	66,67	52,91
3 000	518,02	266,90	183,29	141,57	100,00	79,37
4 000	690,69	355,86	244,39	188,76	133,34	105,83
5 000	863,36	444,83	305,49	235,95	166,67	132,28
6 000	1036,03	533,79	366,59	283,14	200,00	158,74
7 000	1208,70	622,76	427,69	330,33	233,34	185,20
8 000	1381,37	711,73	488,79	377,52	266,67	211,65
9 000	1554,05	800,69	549,88	424,71	300,00	238,11
10 000	1726,72	889,66	610,98	471,90	333,34	264,57
15 000	2590,08	1334,49	916,47	707,85	500,01	396,85
20 000	3453,43	1779,32	1221,96	943,81	666,68	529,13
25 000	4316,79	2224,15	1527,46	1179,76	833,35	661,42
30 000	5180,15	2668,97	1832,95	1415,71	1000,01	793,70
35 000	6043,51	3113,80	2138,44	1651,66	1166,68	925,98
40 000	6906,87	3558,63	2443,93	1887,61	1333,35	1058,27
45 000	7770,23	4003,46	2749,42	2123,56	1500,02	1190,55
50 000	8633,59	4448,29	3054,91	2359,52	1666,69	1322,84
60 000	10360,30	5337,95	3665,89	2831,42	2000,03	1587,40
70 000	12087,02	6227,61	4276,87	3303,32	2333,37	1851,97
80 000	13813,74	7117,26	4887,86	3775,22	2666,70	2116,54
90 000	15540,45	8006,92	5498,84	4247,13	3000,04	2381,1
100 000	17267,17	8896,58	6109,82	4719,03	3333,38	2645,6

Paiement requis pour rembourser mensuellement un prêt personnel 12¼%

Montant	durée du prêt (en années)					
	5	6	7	8	9	10
500	11,19	9,84	8,89	8,20	7,66	7,25
1 000	22,37	19,68	17,79	16,39	15,33	14,49
2 000	44,74	39,36	35,57	32,78	30,65	28,98
3 000	67,11	59,04	53,36	49,17	45,98	43,48
4 000	89,48	78,72	71,15	65,56	61,30	57,97
5 000	111,86	98,40	88,93	81,95	76,63	72,46
6 000	134,23	118,08	106,72	98,34	91,95	86,95
7 000	156,60	137,76	124,51	114,73	107,28	101,44
8 000	178,97	157,44	142,29	131,12	122,60	115,94
9 000	201,34	177,12	160,08	147,51	137,93	130,43
10 000	223,71	196,80	177,87	163,91	153,26	144,92
15 000	335,57	295,21	266,80	245,86	229,88	217,38
20 000	447,42	393,61	355,73	327,81	306,51	289,84
25 000	559,28	492,01	444,67	409,76	383,14	362,30
30 000	671,13	590,41	533,60	491,72	459,77	434,76
35 000	782,99	688,81	622,53	573,67	536,39	507,22
40 000	894,84	787,22	711,47	655,62	613,02	579,68
45 000	1006,70	885,62	800,40	737,57	689,65	652,14
50 000	1118,55	984,02	889,34	819,53	766,28	724,60
60 000	1342,26	1180,82	1067,20	983,43	919,53	869,52
70 000	1565,97	1377,63	1245,07	1147,34	1072,79	1014,44
80 000	1789,68	1574,43	1422,94	1311,24	1226,04	1159,36
90 000	2013,39	1771,24	1600,80	1475,15	1379,30	1304,28
00 000	2237,10	1968,04	1778,67	1639,05	1532,55	1449,20

12½%   Paiement requis pour rembourser mensuellement un prêt personnel

Montant	durée du prêt (en mois)					
	6	12	18	24	36	48
500	86,40	44,54	30,61	23,65	16,73	13,29
1 000	172,80	89,08	61,21	47,31	33,45	26,58
2 000	345,59	178,17	122,43	94,61	66,91	53,16
3 000	518,39	267,25	183,64	141,92	100,36	79,74
4 000	691,18	356,33	244,86	189,23	133,81	106,32
5 000	863,98	445,41	306,07	236,54	167,27	132,90
6 000	1036,77	534,50	367,29	283,84	200,72	159,48
7 000	1209,57	623,58	428,50	331,15	234,18	186,06
8 000	1382,36	712,66	489,72	378,46	267,63	212,64
9 000	1555,16	801,75	550,93	425,77	301,08	239,22
10 000	1727,96	890,83	612,15	473,07	334,54	265,80
15 000	2591,93	1336,24	918,22	709,61	501,81	398,70
20 000	3455,91	1781,66	1224,29	946,15	669,07	531,60
25 000	4319,89	2227,07	1530,37	1182,68	836,34	664,50
30 000	5183,87	2672,49	1836,44	1419,22	1003,61	797,40
35 000	6047,84	3117,90	2142,51	1655,76	1170,88	930,30
40 000	6911,82	3563,32	2448,58	1892,29	1338,15	1063,20
45 000	7775,80	4008,73	2754,66	2128,83	1505,42	1196,10
50 000	8639,78	4454,15	3060,73	2365,37	1672,69	1329,00
60 000	10367,73	5344,97	3672,88	2838,44	2007,22	1594,80
70 000	12095,69	6235,80	4285,02	3311,51	2341,76	1860,60
80 000	13823,64	7126,63	4897,17	3784,58	2676,30	2126,40
90 000	15551,60	8017,46	5509,31	4257,66	3010,83	2392,20
100 000	17279,55	8908,29	6121,46	4730,73	3345,37	2658,00

Paiement requis pour rembourser mensuellement un prêt personnel 12½%

Montant	durée du prêt (en années)					
	5	6	7	8	9	10
500	11,25	9,91	8,96	8,26	7,73	7,32
1 000	22,50	19,81	17,92	16,53	15,47	14,64
2 000	45,00	39,62	35,84	33,06	30,94	29,28
3 000	67,49	59,43	53,76	49,59	46,40	43,91
4 000	89,99	79,24	71,69	66,12	61,87	58,55
5 000	112,49	99,06	89,61	82,64	77,34	73,19
6 000	134,99	118,87	107,53	99,17	92,81	87,83
7 000	157,49	138,68	125,45	115,70	108,27	102,46
8 000	179,98	158,49	143,37	132,23	123,74	117,10
9 000	202,48	178,30	161,29	148,76	139,21	131,74
10 000	224,98	198,11	179,21	165,29	154,68	146,38
15 000	337,47	297,17	268,82	247,93	232,01	219,56
20 000	449,96	396,22	358,43	330,58	309,35	292,75
25 000	562,45	495,28	448,03	413,22	386,69	365,94
30 000	674,94	594,34	537,64	495,86	464,03	439,13
35 000	787,43	693,39	627,25	578,51	541,37	512,32
40 000	899,92	792,45	716,85	661,15	618,70	585,50
45 000	1012,41	891,50	806,46	743,80	696,04	658,69
50 000	1124,90	990,56	896,07	826,44	773,38	731,88
60 000	1349,88	1188,67	1075,28	991,73	928,06	878,26
70 000	1574,86	1386,78	1254,49	1157,02	1082,73	1024,63
80 000	1799,84	1584,90	1433,70	1322,30	1237,41	1171,01
90 000	2024,82	1783,01	1612,92	1487,59	1392,08	1317,38
100 000	2249,80	1981,12	1792,13	1652,88	1546,76	1463,76

12¾% Paiement requis pour rembourser mensuellement un prêt personnel

Montant	durée du prêt (en mois)					
	6	12	18	24	36	48
500	86,46	44,60	30,67	23,71	16,79	13,35
1 000	172,92	89,20	61,33	47,42	33,57	26,70
2 000	345,84	178,40	122,66	94,85	67,15	53,41
3 000	518,76	267,60	183,99	142,27	100,72	80,11
4 000	691,68	356,80	245,32	189,70	134,29	106,81
5 000	864,60	446,00	306,66	237,12	167,87	133,52
6 000	1037,52	535,20	367,99	284,55	201,44	160,22
7 000	1210,43	624,40	429,32	331,97	235,02	186,93
8 000	1383,35	713,60	490,65	379,40	268,59	213,63
9 000	1556,27	802,80	551,98	426,82	302,16	240,33
10 000	1729,19	892,00	613,31	474,25	335,74	267,04
15 000	2593,79	1338,00	919,97	711,37	503,61	400,55
20 000	3458,38	1784,00	1226,62	948,49	671,47	534,07
25 000	4322,98	2230,00	1533,28	1185,61	839,34	667,59
30 000	5187,58	2676,00	1839,93	1422,74	1007,21	801,11
35 000	6052,17	3122,00	2146,59	1659,86	1175,08	934,63
40 000	6916,77	3568,00	2453,24	1896,98	1342,95	1068,14
45 000	7781,36	4014,00	2759,90	2134,10	1510,82	1201,66
50 000	8645,96	4460,00	3066,55	2371,23	1678,69	1335,18
60 000	10375,15	5352,00	3679,86	2845,47	2014,42	1602,22
70 000	12104,34	6244,00	4293,17	3319,72	2350,16	1869,25
80 000	13833,54	7136,00	4906,48	3793,96	2685,90	2136,29
90 000	15562,73	8028,00	5519,79	4268,21	3021,63	2403,32
100 000	17291,92	8920,00	6133,10	4742,45	3357,37	2670,36

Paiement requis pour rembourser mensuellement un prêt personnel 12¾%

Montant	durée du prêt (en années)					
	5	6	7	8	9	10
500	11,31	9,97	9,03	8,33	7,81	7,39
1 000	22,63	19,94	18,06	16,67	15,61	14,78
2 000	45,25	39,88	36,11	33,34	31,22	29,57
3 000	67,88	59,83	54,17	50,00	46,83	44,35
4 000	90,50	79,77	72,23	66,67	62,44	59,14
5 000	113,13	99,71	90,28	83,34	78,05	73,92
6 000	135,75	119,65	108,34	100,01	93,66	88,70
7 000	158,38	139,60	126,39	116,67	109,27	103,49
8 000	181,00	159,54	144,45	133,34	124,88	118,27
9 000	203,63	179,48	162,51	150,01	140,49	133,06
10 000	226,25	199,42	180,56	166,68	156,10	147,84
15 000	339,38	299,14	270,84	250,02	234,15	221,76
20 000	452,51	398,85	361,13	333,35	312,20	295,68
25 000	565,63	498,56	451,41	416,69	390,26	369,60
30 000	678,76	598,27	541,69	500,03	468,31	443,52
35 000	791,89	697,98	631,97	583,37	546,36	517,44
40 000	905,01	797,70	722,25	666,71	624,41	591,36
45 000	1018,14	897,41	812,53	750,05	702,46	665,28
50 000	1131,27	997,12	902,82	833,39	780,51	739,20
60 000	1357,52	1196,54	1083,38	1000,06	936,61	887,04
70 000	1583,77	1395,97	1263,94	1166,74	1092,71	1034,88
80 000	1810,02	1595,39	1444,50	1333,42	1248,82	1182,72
90 000	2036,28	1794,82	1625,07	1500,09	1404,92	1330,56
100 000	2262,53	1994,24	1805,63	1666,77	1561,02	1478,40

67

13%

Paiement requis pour rembourser mensuellement un prêt personnel

Montant	durée du prêt (en mois)					
	6	12	18	24	36	48
500	86,52	44,66	30,72	23,77	16,85	13,41
1 000	173,04	89,32	61,45	47,54	33,69	26,83
2 000	346,09	178,63	122,90	95,08	67,39	53,66
3 000	519,13	267,95	184,34	142,63	101,08	80,48
4 000	692,17	357,27	245,79	190,17	134,78	107,31
5 000	865,21	446,59	307,24	237,71	168,47	134,14
6 000	1038,26	535,90	368,69	285,25	202,16	160,97
7 000	1211,30	625,22	430,13	332,79	235,86	187,79
8 000	1384,34	714,54	491,58	380,33	269,55	214,62
9 000	1557,38	803,85	553,03	427,88	303,25	241,45
10 000	1730,43	893,17	614,48	475,42	336,94	268,28
15 000	2595,64	1339,76	921,71	713,13	505,41	402,41
20 000	3460,85	1786,34	1228,95	950,84	673,88	536,55
25 000	4326,07	2232,93	1536,19	1188,55	842,35	670,69
30 000	5191,28	2679,52	1843,43	1426,25	1010,82	804,83
35 000	6056,49	3126,10	2150,67	1663,96	1179,29	938,96
40 000	6921,70	3572,69	2457,90	1901,67	1347,76	1073,10
45 000	7786,92	4019,27	2765,14	2139,38	1516,23	1207,24
50 000	8652,13	4465,86	3072,38	2377,09	1684,70	1341,38
60 000	10382,56	5359,03	3686,86	2852,51	2021,63	1609,65
70 000	12112,98	6252,20	4301,33	3327,93	2358,57	1877,93
80 000	13843,41	7145,38	4915,81	3803,34	2695,51	2146,20
90 000	15573,83	8038,55	5530,28	4278,76	3032,45	2414,48
100 000	17304,26	8931,72	6144,76	4754,18	3369,39	2682,75

Paiement requis pour rembourser mensuellement un prêt personnel **13%**

Montant	durée du prêt (en années)					
	5	6	7	8	9	10
500	11,38	10,04	9,10	8,40	7,88	7,47
1 000	22,75	20,07	18,19	16,81	15,75	14,93
2 000	45,51	40,15	36,38	33,61	31,51	29,86
3 000	68,26	60,22	54,58	50,42	47,26	44,79
4 000	91,01	80,30	72,77	67,23	63,01	59,72
5 000	113,77	100,37	90,96	84,04	78,77	74,66
6 000	136,52	120,44	109,15	100,84	94,52	89,59
7 000	159,27	140,52	127,34	117,65	110,28	104,52
8 000	182,02	160,59	145,54	134,46	126,03	119,45
9 000	204,78	180,67	163,73	151,26	141,78	134,38
10 000	227,53	200,74	181,92	168,07	157,54	149,31
15 000	341,30	301,11	272,88	252,11	236,30	223,97
20 000	455,06	401,48	363,84	336,14	315,07	298,62
25 000	568,83	501,85	454,80	420,18	393,84	373,28
30 000	682,59	602,22	545,76	504,22	472,61	447,93
35 000	796,36	702,59	636,72	588,25	551,38	522,59
40 000	910,12	802,96	727,68	672,29	630,14	597,24
45 000	1023,89	903,33	818,64	756,32	708,91	671,90
50 000	1137,66	1003,71	909,60	840,36	787,68	746,56
60 000	1365,19	1204,45	1091,51	1008,43	945,22	895,87
70 000	1592,72	1405,19	1273,43	1176,50	1102,75	1045,18
80 000	1820,25	1605,93	1455,35	1344,58	1260,29	1194,49
90 000	2047,78	1806,67	1637,27	1512,65	1417,82	1343,80
100 000	2275,31	2007,41	1819,19	1680,72	1575,36	1493,11

13¼% Paiement requis pour rembourser mensuellement un prêt personnel

Montant	durée du prêt (en mois)					
	6	12	18	24	36	48
500	86,58	44,72	30,78	23,83	16,91	13,48
1 000	173,17	89,43	61,56	47,66	33,81	26,95
2 000	346,33	178,87	123,13	95,32	67,63	53,90
3 000	519,50	268,30	184,69	142,98	101,44	80,86
4 000	692,67	357,74	246,26	190,64	135,26	107,81
5 000	865,83	447,17	307,82	238,30	169,07	134,76
6 000	1039,00	536,61	369,39	285,96	202,89	161,71
7 000	1212,17	626,04	430,95	333,62	236,70	188,66
8 000	1385,33	715,48	492,51	381,28	270,52	215,61
9 000	1558,50	804,91	554,08	428,93	304,33	242,57
10 000	1731,67	894,35	615,64	476,59	338,15	269,52
15 000	2597,50	1341,52	923,46	714,89	507,22	404,28
20 000	3463,33	1788,69	1231,29	953,19	676,29	539,04
25 000	4329,17	2235,87	1539,11	1191,49	845,36	673,80
30 000	5195,00	2683,04	1846,93	1429,78	1014,44	808,55
35 000	6060,83	3130,21	2154,75	1668,08	1183,51	943,31
40 000	6926,67	3577,38	2462,57	1906,38	1352,58	1078,07
45 000	7792,50	4024,56	2770,39	2144,67	1521,65	1212,83
50 000	8658,34	4471,73	3078,22	2382,97	1690,73	1347,59
60 000	10390,00	5366,08	3693,86	2859,56	2028,87	1617,11
70 000	12121,67	6260,42	4309,50	3336,16	2367,02	1886,63
80 000	13853,34	7154,77	4925,14	3812,75	2705,16	2156,14
90 000	15585,00	8049,11	5540,79	4289,35	3043,31	2425,66
100 000	17316,67	8943,46	6156,43	4765,94	3381,45	2695,18

Paiement requis pour rembourser mensuellement un prêt personnel 13¼%

Montant	durée du prêt (en années)					
	5	6	7	8	9	10
500	11,44	10,10	9,16	8,47	7,95	7,54
1 000	22,88	20,21	18,33	16,95	15,90	15,08
2 000	45,76	40,41	36,66	33,89	31,80	30,16
3 000	68,64	60,62	54,98	50,84	47,69	45,24
4 000	91,53	80,83	73,31	67,79	63,59	60,32
5 000	114,41	101,03	91,64	84,74	79,49	75,39
6 000	137,29	121,24	109,97	101,68	95,39	90,47
7 000	160,17	141,44	128,30	118,63	111,28	105,55
8 000	183,05	161,65	146,63	135,58	127,18	120,63
9 000	205,93	181,86	164,95	152,53	143,08	135,71
10 000	228,81	202,06	183,28	169,47	158,98	150,79
15 000	343,22	303,09	274,92	254,21	238,46	226,18
20 000	457,63	404,13	366,56	338,95	317,95	301,58
25 000	572,03	505,16	458,21	423,69	397,44	376,97
30 000	686,44	606,19	549,85	508,42	476,93	452,37
35 000	800,85	707,22	641,49	593,16	556,42	527,76
40 000	915,25	808,25	733,13	677,90	635,90	603,16
45 000	1029,66	909,28	824,77	762,63	715,39	678,55
50 000	1144,07	1010,32	916,41	847,37	794,88	753,95
60 000	1372,88	1212,38	1099,69	1016,84	953,86	904,73
70 000	1601,69	1414,44	1282,97	1186,32	1112,83	1055,52
80 000	1830,50	1616,50	1466,26	1355,79	1271,81	1206,31
90 000	2059,32	1818,57	1649,54	1525,27	1430,78	1357,10
100 000	2288,13	2020,63	1832,82	1694,74	1589,76	1507,89

13½% Paiement requis pour rembourser mensuellement un prêt personnel

Montant	6	12	18	24	36	48
			durée du prêt (en mois)			
500	86,65	44,78	30,84	23,89	16,97	13,54
1 000	173,29	89,55	61,68	47,78	33,94	27,08
2 000	346,58	179,10	123,36	95,55	67,87	54,15
3 000	519,87	268,66	185,04	143,33	101,81	81,23
4 000	693,16	358,21	246,72	191,11	135,74	108,31
5 000	866,45	447,76	308,41	238,89	169,68	135,38
6 000	1039,74	537,31	370,09	286,66	203,61	162,46
7 000	1213,03	626,86	431,77	334,44	237,55	189,53
8 000	1386,32	716,42	493,45	382,22	271,48	216,61
9 000	1559,61	805,97	555,13	429,99	305,42	243,69
10 000	1732,90	895,52	616,81	477,77	339,35	270,76
15 000	2599,35	1343,28	925,22	716,66	509,03	406,14
20 000	3465,80	1791,04	1233,62	955,54	678,71	541,53
25 000	4332,26	2238,80	1542,03	1194,43	848,38	676,91
30 000	5198,71	2686,56	1850,43	1433,31	1018,06	812,29
35 000	6065,16	3134,32	2158,84	1672,20	1187,74	947,67
40 000	6931,61	3582,08	2467,24	1911,08	1357,41	1083,05
45 000	7798,06	4029,84	2775,65	2149,97	1527,09	1218,43
50 000	8664,51	4477,60	3084,06	2388,85	1696,77	1353,82
60 000	10397,41	5373,12	3700,87	2866,62	2036,12	1624,58
70 000	12130,31	6268,64	4317,68	3344,39	2375,47	1895,34
80 000	13863,22	7164,16	4934,49	3822,16	2714,82	2166,10
90 000	15596,12	8059,68	5551,30	4299,93	3054,18	2436,87
100 000	17329,02	8955,20	6168,11	4777,70	3393,53	2707,63

Paiement requis pour rembourser mensuellement un prêt personnel 13½%

Montant	durée du prêt (en années)					
	5	6	7	8	9	10
500	11,50	10,17	9,23	8,54	8,02	7,61
1 000	23,01	20,34	18,46	17,09	16,04	15,23
2 000	46,02	40,68	36,93	34,18	32,08	30,45
3 000	69,03	61,02	55,39	51,26	48,13	45,68
4 000	92,04	81,36	73,86	68,35	64,17	60,91
5 000	115,05	101,70	92,32	85,44	80,21	76,14
6 000	138,06	122,03	110,79	102,53	96,25	91,36
7 000	161,07	142,37	129,25	119,62	112,30	106,59
8 000	184,08	162,71	147,72	136,71	128,34	121,82
9 000	207,09	183,05	166,18	153,79	144,38	137,05
10 000	230,10	203,39	184,65	170,88	160,42	152,27
15 000	345,15	305,09	276,97	256,32	240,63	228,41
20 000	460,20	406,78	369,30	341,76	320,85	304,55
25 000	575,25	508,48	461,62	427,21	401,06	380,69
30 000	690,30	610,17	553,95	512,65	481,27	456,82
35 000	805,35	711,87	646,27	598,09	561,48	532,96
40 000	920,40	813,56	738,60	683,53	641,69	609,10
45 000	1035,45	915,26	830,92	768,97	721,90	685,23
50 000	1150,50	1016,95	923,25	854,41	802,12	761,37
60 000	1380,59	1220,34	1107,89	1025,29	962,54	913,64
70 000	1610,69	1423,73	1292,54	1196,17	1122,96	1065,92
80 000	1840,79	1627,12	1477,19	1367,06	1283,38	1218,19
90 000	2070,89	1830,51	1661,84	1537,94	1443,81	1370,47
100 000	2300,99	2033,90	1846,49	1708,82	1604,23	1522,74

13¾% Paiement requis pour rembourser mensuellement un prêt personnel

Montant	durée du prêt (en mois)					
	6	12	18	24	36	48
500	86,71	44,83	30,90	23,95	17,03	13,60
1 000	173,41	89,67	61,80	47,89	34,06	27,20
2 000	346,83	179,34	123,60	95,79	68,11	54,40
3 000	520,24	269,01	185,39	143,68	102,17	81,60
4 000	693,66	358,68	247,19	191,58	136,23	108,80
5 000	867,07	448,35	308,99	239,47	170,28	136,01
6 000	1040,48	538,02	370,79	287,37	204,34	163,21
7 000	1213,90	627,69	432,59	335,26	238,39	190,41
8 000	1387,31	717,36	494,38	383,16	272,45	217,61
9 000	1560,73	807,02	556,18	431,05	306,51	244,81
10 000	1734,14	896,69	617,98	478,95	340,56	272,01
15 000	2601,21	1345,04	926,97	718,42	510,84	408,02
20 000	3468,28	1793,39	1235,96	957,90	681,13	544,02
25 000	4335,35	2241,74	1544,95	1197,37	851,41	680,03
30 000	5202,42	2690,08	1853,94	1436,84	1021,69	816,04
35 000	6069,49	3138,43	2162,93	1676,32	1191,97	952,04
40 000	6936,56	3586,78	2471,92	1915,79	1362,25	1088,05
45 000	7803,63	4035,12	2780,91	2155,27	1532,53	1224,05
50 000	8670,71	4483,47	3089,90	2394,74	1702,82	1360,06
60 000	10404,85	5380,16	3707,88	2873,69	2043,38	1632,07
70 000	12138,99	6276,86	4325,86	3352,64	2383,94	1904,08
80 000	13873,13	7173,55	4943,84	3831,58	2724,50	2176,10
90 000	15607,27	8070,25	5561,82	4310,53	3065,07	2448,11
100 000	17341,41	8966,94	6179,80	4789,48	3405,63	2720,12

Paiement requis pour rembourser mensuellement un prêt personnel 13¾%

Montant	durée du prêt (en années)					
	5	6	7	8	9	10
500	11,57	10,24	9,30	8,61	8,09	7,69
1 000	23,14	20,47	18,60	17,23	16,19	15,38
2 000	46,28	40,94	37,20	34,46	32,38	30,75
3 000	69,42	61,42	55,81	51,69	48,56	46,13
4 000	92,56	81,89	74,41	68,92	64,75	61,51
5 000	115,69	102,36	93,01	86,15	80,94	76,88
6 000	138,83	122,83	111,61	103,38	97,13	92,26
7 000	161,97	143,30	130,22	120,61	113,31	107,64
8 000	185,11	163,78	148,82	137,84	129,50	123,01
9 000	208,25	184,25	167,42	155,07	145,69	138,39
10 000	231,39	204,72	186,02	172,30	161,88	153,77
15 000	347,08	307,08	279,03	258,44	242,82	230,65
20 000	462,78	409,44	372,04	344,59	323,75	307,53
25 000	578,47	511,80	465,06	430,74	404,69	384,42
30 000	694,16	614,16	558,07	516,89	485,63	461,30
35 000	809,86	716,52	651,08	603,03	566,57	538,18
40 000	925,55	818,88	744,09	689,18	647,51	615,07
45 000	1041,25	921,24	837,10	775,33	728,45	691,95
50 000	1156,94	1023,61	930,11	861,48	809,39	768,84
60 000	1388,33	1228,33	1116,13	1033,77	971,26	922,60
70 000	1619,72	1433,05	1302,15	1206,07	1133,14	1076,37
80 000	1851,10	1637,77	1488,18	1378,36	1295,02	1230,14
90 000	2082,49	1842,49	1674,20	1550,66	1456,89	1383,90
100 000	2313,88	2047,21	1860,22	1722,95	1618,77	1537,67

14%

Paiement requis pour rembourser mensuellement un prêt personnel

Montant	durée du prêt (en mois)					
	6	12	18	24	36	48
500	86,77	44,89	30,96	24,01	17,09	13,66
1 000	173,54	89,79	61,92	48,01	34,18	27,33
2 000	347,08	179,57	123,83	96,03	68,36	54,65
3 000	520,61	269,36	185,75	144,04	102,53	81,98
4 000	694,15	359,15	247,66	192,05	136,71	109,31
5 000	867,69	448,94	309,58	240,06	170,89	136,63
6 000	1041,23	538,72	371,49	288,08	205,07	163,96
7 000	1214,77	628,51	433,41	336,09	239,24	191,29
8 000	1388,31	718,30	495,32	384,10	273,42	218,61
9 000	1561,84	808,08	557,24	432,12	307,60	245,94
10 000	1735,38	897,87	619,15	480,13	341,78	273,27
15 000	2603,07	1346,81	928,73	720,19	512,67	409,90
20 000	3470,77	1795,74	1238,30	960,26	683,55	546,53
25 000	4338,46	2244,68	1547,88	1200,32	854,44	683,16
30 000	5206,15	2693,62	1857,46	1440,39	1025,33	819,80
35 000	6073,84	3142,55	2167,03	1680,45	1196,22	956,43
40 000	6941,53	3591,49	2476,61	1920,52	1367,11	1093,06
45 000	7809,22	4040,42	2786,18	2160,58	1538,00	1229,69
50 000	8676,92	4489,36	3095,76	2400,65	1708,89	1366,33
60 000	10412,30	5387,23	3714,91	2880,77	2050,66	1639,59
70 000	12147,68	6285,10	4334,06	3360,90	2392,44	1912,86
80 000	13883,06	7182,98	4953,22	3841,03	2734,22	2186,12
90 000	15618,45	8080,85	5572,37	4321,16	3075,99	2459,39
100 000	17353,83	8978,72	6191,52	4801,29	3417,77	2732,65

Paiement requis pour rembourser mensuellement un prêt personnel **14%**

Montant	durée du prêt (en années)					
	5	6	7	8	9	10
500	11,63	10,30	9,37	8,69	8,17	7,76
1 000	23,27	20,61	18,74	17,37	16,33	15,53
2 000	46,54	41,21	37,48	34,74	32,67	31,05
3 000	69,80	61,82	56,22	52,11	49,00	46,58
4 000	93,07	82,42	74,96	69,49	65,33	62,11
5 000	116,34	103,03	93,70	86,86	81,67	77,63
6 000	139,61	123,63	112,44	104,23	98,00	93,16
7 000	162,88	144,24	131,18	121,60	114,34	108,69
8 000	186,15	164,85	149,92	138,97	130,67	124,21
9 000	209,41	185,45	168,66	156,34	147,00	139,74
10 000	232,68	206,06	187,40	173,72	163,34	155,27
15 000	349,02	309,09	281,10	260,57	245,01	232,90
20 000	465,37	412,12	374,80	347,43	326,67	310,53
25 000	581,71	515,15	468,50	434,29	408,34	388,17
30 000	698,05	618,17	562,20	521,15	490,01	465,80
35 000	814,39	721,20	655,90	608,00	571,68	543,43
40 000	930,73	824,23	749,60	694,86	653,35	621,07
45 000	1047,07	927,26	843,30	781,72	735,02	698,70
50 000	1163,42	1030,29	937,00	868,58	816,69	776,34
60 000	1396,10	1236,35	1124,40	1042,29	980,02	931,60
70 000	1628,78	1442,41	1311,80	1216,01	1143,36	1086,87
80 000	1861,46	1648,46	1499,20	1389,72	1306,70	1242,14
90 000	2094,15	1854,52	1686,60	1563,44	1470,03	1397,40
100 000	2326,83	2060,58	1874,00	1737,15	1633,37	1552,67

durée du prêt (en mois)

Montant	6	12	18	24	36	48
500	86,83	44,95	31,02	24,07	17,15	13,73
1 000	173,66	89,90	62,03	48,13	34,30	27,45
2 000	347,32	179,81	124,06	96,26	68,60	54,90
3 000	520,99	269,71	186,10	144,39	102,90	82,36
4 000	694,65	359,62	248,13	192,52	137,20	109,81
5 000	868,31	449,52	310,16	240,66	171,50	137,26
6 000	1041,97	539,43	372,19	288,79	205,80	164,71
7 000	1215,63	629,33	434,23	336,92	240,09	192,16
8 000	1389,30	719,24	496,26	385,05	274,39	219,62
9 000	1562,96	809,14	558,29	433,18	308,69	247,07
10 000	1736,62	899,05	620,32	481,31	342,99	274,52
15 000	2604,93	1348,57	930,49	721,97	514,49	411,78
20 000	3473,24	1798,10	1240,65	962,62	685,98	549,04
25 000	4341,55	2247,62	1550,81	1203,28	857,48	686,30
30 000	5209,86	2697,15	1860,97	1443,93	1028,98	823,56
35 000	6078,17	3146,67	2171,13	1684,59	1200,47	960,82
40 000	6946,48	3596,20	2481,30	1925,24	1371,97	1098,08
45 000	7814,79	4045,72	2791,46	2165,90	1543,46	1235,34
50 000	8683,10	4495,25	3101,62	2406,56	1714,96	1372,61
60 000	10419,71	5394,29	3721,94	2887,87	2057,95	1647,13
70 000	12156,33	6293,34	4342,27	3369,18	2400,94	1921,65
80 000	13892,95	7192,39	4962,59	3850,49	2743,94	2196,17
90 000	15629,57	8091,44	5582,92	4331,80	3086,93	2470,69
100 000	17366,19	8990,49	6203,24	4813,11	3429,92	2745,21

Paiement requis pour rembourser mensuellement un prêt personnel 14¼%

Montant	durée du prêt (en années)					
	5	6	7	8	9	10
500	11,70	10,37	9,44	8,76	8,24	7,84
1 000	23,40	20,74	18,88	17,51	16,48	15,68
2 000	46,80	41,48	37,76	35,03	32,96	31,35
3 000	70,19	62,22	56,64	52,54	49,44	47,03
4 000	93,59	82,96	75,51	70,06	65,92	62,71
5 000	116,99	103,70	94,39	87,57	82,40	78,39
6 000	140,39	124,44	113,27	105,08	98,88	94,06
7 000	163,79	145,18	132,15	122,60	115,36	109,74
8 000	187,18	165,92	151,03	140,11	131,84	125,42
9 000	210,58	186,66	169,91	157,63	148,32	141,10
10 000	233,98	207,40	188,78	175,14	164,80	156,77
15 000	350,97	311,10	283,18	262,71	247,21	235,16
20 000	467,96	414,80	377,57	350,28	329,61	313,55
25 000	584,95	518,50	471,96	437,85	412,01	391,93
30 000	701,94	622,19	566,35	525,42	494,41	470,32
35 000	818,93	725,89	660,74	612,99	576,81	548,71
40 000	935,92	829,59	755,14	700,56	659,22	627,09
45 000	1052,91	933,29	849,53	788,13	741,62	705,48
50 000	1169,91	1036,99	943,92	875,71	824,02	783,87
60 000	1403,89	1244,39	1132,70	1050,85	988,82	940,64
70 000	1637,87	1451,79	1321,49	1225,99	1153,63	1097,41
80 000	1871,85	1659,18	1510,27	1401,13	1318,43	1254,18
90 000	2105,83	1866,58	1699,06	1576,27	1483,24	1410,96
100 000	2339,81	2073,98	1887,84	1751,41	1648,04	1567,73

14½% Paiement requis pour rembourser mensuellement un prêt personnel

Montant	durée du prêt (en mois)					
	6	12	18	24	36	48
500	86,89	45,01	31,07	24,12	17,21	13,79
1 000	173,79	90,02	62,15	48,25	34,42	27,58
2 000	347,57	180,05	124,30	96,50	68,84	55,16
3 000	521,36	270,07	186,45	144,75	103,26	82,73
4 000	695,14	360,09	248,60	193,00	137,68	110,31
5 000	868,93	450,11	310,75	241,25	172,11	137,89
6 000	1042,72	540,14	372,90	289,50	206,53	165,47
7 000	1216,50	630,16	435,05	337,75	240,95	193,05
8 000	1390,29	720,18	497,20	386,00	275,37	220,62
9 000	1564,07	810,20	559,35	434,24	309,79	248,20
10 000	1737,86	900,23	621,50	482,49	344,21	275,78
15 000	2606,79	1350,34	932,25	723,74	516,32	413,67
20 000	3475,72	1800,45	1242,99	964,99	688,42	551,56
25 000	4344,65	2250,56	1553,74	1206,24	860,53	689,45
30 000	5213,58	2700,68	1864,49	1447,48	1032,63	827,34
35 000	6082,51	3150,79	2175,24	1688,73	1204,74	965,23
40 000	6951,44	3600,90	2485,99	1929,98	1376,84	1103,12
45 000	7820,37	4051,01	2796,74	2171,22	1548,95	1241,01
50 000	8689,30	4501,13	3107,49	2412,47	1721,05	1378,90
60 000	10427,15	5401,35	3728,98	2894,96	2065,26	1654,67
70 000	12165,01	6301,58	4350,48	3377,46	2409,47	1930,45
80 000	13902,87	7201,80	4971,98	3859,95	2753,68	2206,23
90 000	15640,73	8102,03	5593,47	4342,45	3097,89	2482,01
100 000	17378,59	9002,25	6214,97	4824,94	3442,10	2757,79

Paiement requis pour rembourser mensuellement un prêt personnel $14\frac{1}{2}\%$

Montant	durée du prêt (en années)					
	5	6	7	8	9	10
500	11,76	10,44	9,51	8,83	8,31	7,91
1 000	23,53	20,87	19,02	17,66	16,63	15,83
2 000	47,06	41,75	38,03	35,31	33,26	31,66
3 000	70,58	62,62	57,05	52,97	49,88	47,49
4 000	94,11	83,50	76,07	70,63	66,51	63,31
5 000	117,64	104,37	95,09	88,29	83,14	79,14
6 000	141,17	125,25	114,10	105,94	99,77	94,97
7 000	164,70	146,12	133,12	123,60	116,39	110,80
8 000	188,23	167,00	152,14	141,26	133,02	126,63
9 000	211,75	187,87	171,16	158,91	149,65	142,46
10 000	235,28	208,74	190,17	176,57	166,28	158,29
15 000	352,92	313,12	285,26	264,86	249,42	237,43
20 000	470,57	417,49	380,35	353,14	332,55	316,57
25 000	588,21	521,86	475,43	441,43	415,69	395,72
30 000	705,85	626,23	570,52	529,72	498,83	474,86
35 000	823,49	730,60	665,61	618,00	581,97	554,00
40 000	941,13	834,98	760,69	706,29	665,11	633,15
45 000	1058,77	939,35	855,78	794,57	748,25	712,29
50 000	1176,42	1043,72	950,87	882,86	831,39	791,44
60 000	1411,70	1252,46	1141,04	1059,43	997,66	949,72
70 000	1646,98	1461,21	1331,21	1236,00	1163,94	1108,01
80 000	1882,26	1669,95	1521,38	1412,58	1330,22	1266,30
90 000	2117,55	1878,70	1711,56	1589,15	1496,49	1424,58
100 000	2352,83	2087,44	1901,73	1765,72	1662,77	1582,87

14¾% Paiement requis pour rembourser mensuellement un prêt personnel

Montant	durée du prêt (en mois)					
	6	12	18	24	36	48
500	86,95	45,07	31,13	24,18	17,27	13,85
1 000	173,91	90,14	62,27	48,37	34,54	27,70
2 000	347,82	180,28	124,53	96,74	69,09	55,41
3 000	521,73	270,42	186,80	145,10	103,63	83,11
4 000	695,64	360,56	249,07	193,47	138,17	110,82
5 000	869,55	450,70	311,34	241,84	172,72	138,52
6 000	1043,46	540,84	373,60	290,21	207,26	166,23
7 000	1217,37	630,98	435,87	338,58	241,80	193,93
8 000	1391,28	721,12	498,14	386,94	276,34	221,63
9 000	1565,19	811,26	560,40	435,31	310,89	249,34
10 000	1739,10	901,40	622,67	483,68	345,43	277,04
15 000	2608,65	1352,11	934,01	725,52	518,15	415,56
20 000	3478,20	1802,81	1245,34	967,36	690,86	554,08
25 000	4347,75	2253,51	1556,68	1209,20	863,58	692,61
30 000	5217,29	2704,21	1868,02	1451,04	1036,29	831,13
35 000	6086,84	3154,91	2179,35	1692,88	1209,01	969,65
40 000	6956,39	3605,62	2490,69	1934,72	1381,72	1108,17
45 000	7825,94	4056,32	2802,02	2176,56	1554,44	1246,69
50 000	8695,49	4507,02	3113,36	2418,40	1727,15	1385,21
60 000	10434,59	5408,42	3736,03	2902,08	2072,58	1662,25
70 000	12173,69	6309,83	4358,70	3385,76	2418,01	1939,29
80 000	13912,78	7211,23	4981,38	3869,44	2763,44	2216,34
90 000	15651,88	8112,64	5604,05	4353,12	3108,87	2493,30
100 000	17390,98	9014,04	6226,72	4836,80	3454,30	2770,42

Paiement requis pour rembourser mensuellement un prêt personnel $14\frac{3}{4}\%$

Montant	durée du prêt (en années)					
	5	6	7	8	9	10
500	11,83	10,50	9,58	8,90	8,39	7,99
1 000	23,66	21,01	19,16	17,80	16,78	15,98
2 000	47,32	42,02	38,31	35,60	33,55	31,96
3 000	70,98	63,03	57,47	53,40	50,33	47,94
4 000	94,64	84,04	76,63	71,20	67,10	63,92
5 000	118,29	105,05	95,78	89,01	83,88	79,90
6 000	141,95	126,06	114,94	106,81	100,65	95,88
7 000	165,61	147,07	134,10	124,61	117,43	111,87
8 000	189,27	168,08	153,25	142,41	134,21	127,85
9 000	212,93	189,09	172,41	160,21	150,98	143,83
10 000	236,59	210,10	191,57	178,01	167,76	159,81
15 000	354,88	315,14	287,35	267,02	251,64	239,71
20 000	473,18	420,19	383,14	356,02	335,51	319,62
25 000	591,47	525,24	478,92	445,03	419,39	399,52
30 000	709,77	630,29	574,70	534,03	503,27	479,42
35 000	828,06	735,33	670,49	623,04	587,15	559,33
40 000	946,36	840,38	766,27	712,04	671,03	639,23
45 000	1064,65	945,43	862,06	801,05	754,91	719,14
50 000	1182,95	1050,48	957,84	890,06	838,79	799,04
60 000	1419,53	1260,57	1149,41	1068,07	1006,54	958,85
70 000	1656,12	1470,67	1340,98	1246,08	1174,30	1118,66
80 000	1892,71	1680,76	1532,54	1424,09	1342,06	1278,46
90 000	2129,30	1890,86	1724,10	1602,10	1509,81	1438,27
100 000	2365,89	2100,95	1915,68	1780,11	1677,57	1598,08

Paiement requis pour rembourser mensuellement un prêt personnel

Montant	durée du prêt (en mois)					
	6	**12**	**18**	**24**	**36**	**48**
500	87,02	45,13	31,19	24,24	17,33	13,92
1 000	174,03	90,26	62,38	48,49	34,67	27,83
2 000	348,07	180,52	124,77	96,97	69,33	55,66
3 000	522,10	270,77	187,15	145,46	104,00	83,49
4 000	696,14	361,03	249,54	193,95	138,66	111,32
5 000	870,17	451,29	311,92	242,43	173,33	139,15
6 000	1044,20	541,55	374,31	290,92	207,99	166,98
7 0C0	1218,24	631,81	436,69	339,41	242,66	194,81
8 000	1392,27	722,07	499,08	387,89	277,32	222,65
9 000	1566,31	812,32	561,46	436,38	311,99	250,48
10 000	1740,34	902,58	623,85	484,87	346,65	278,31
15 000	2610,51	1353,87	935,77	727,30	519,98	417,46
20 000	3480,68	1805,16	1247,70	969,73	693,31	556,61
25 000	4350,85	2256,46	1559,62	1212,17	866,63	695,77
30 000	5221,02	2707,75	1871,54	1454,60	1039,96	834,92
35 000	6091,19	3159,04	2183,47	1697,03	1213,29	974,07
40 000	6961,36	3610,33	2495,39	1939,46	1386,61	1113,23
45 000	7831,53	4061,62	2807,32	2181,90	1559,94	1252,38
50 000	8701,70	4512,91	3119,24	2424,33	1733,27	1391,54
60 000	10442,03	5415,49	3743,09	2909,20	2079,92	1669,84
70 000	12182,37	6318,07	4366,94	3394,06	2426,57	1948,15
80 000	13922,71	7220,66	4990,78	3878,93	2773,22	2226,46
90 000	15663,05	8123,24	5614,63	4363,79	3119,88	2504,76
100 000	17403,39	9025,82	6238,48	4848,66	3466,53	2783,07

Palement requis pour rembourser mensuellement un prêt personnel **15%**

Montant	durée du prêt (en années)					
	5	6	7	8	9	10
500	11,89	10,57	9,65	8,97	8,46	8,07
1 000	23,79	21,15	19,30	17,95	16,92	16,13
2 000	47,58	42,29	38,59	35,89	33,85	32,27
3 000	71,37	63,44	57,89	53,84	50,77	48,40
4 000	95,16	84,58	77,19	71,78	67,70	64,53
5 000	118,95	105,73	96,48	89,73	84,62	80,67
6 000	142,74	126,87	115,78	107,67	101,55	96,80
7 000	166,53	148,02	135,08	125,62	118,47	112,93
8 000	190,32	169,16	154,37	143,56	135,39	129,07
9 000	214,11	190,31	173,67	161,51	152,32	145,20
10 000	237,90	211,45	192,97	179,45	169,24	161,34
15 000	356,85	317,18	289,45	269,18	253,86	242,00
20 000	475,80	422,90	385,94	358,91	338,49	322,67
25 000	594,75	528,63	482,42	448,64	423,11	403,34
30 000	713,70	634,35	578,90	538,36	507,73	484,01
35 000	832,65	740,08	675,39	628,09	592,35	564,67
40 000	951,60	845,80	771,87	717,82	676,97	645,34
45 000	1070,55	951,53	868,36	807,54	761,59	726,01
50 000	1189,50	1057,25	964,84	897,27	846,22	806,68
60 000	1427,39	1268,70	1157,81	1076,72	1015,46	968,01
70 000	1665,29	1480,15	1350,78	1256,18	1184,70	1129,35
80 000	1903,19	1691,60	1543,74	1435,63	1353,94	1290,68
90 000	2141,09	1903,05	1736,71	1615,09	1523,19	1452,02
100 000	2378,99	2114,50	1929,68	1794,54	1692,43	1613,35

15¼% Paiement requis pour rembourser mensuellement un prêt personnel

Montant	durée du prêt (en mois)					
	6	12	18	24	36	48
500	87,08	45,19	31,25	24,30	17,39	13,98
1 000	174,16	90,38	62,50	48,61	34,79	27,96
2 000	348,32	180,75	125,01	97,21	69,58	55,92
3 000	522,47	271,13	187,51	145,82	104,36	83,87
4 000	696,63	361,51	250,01	194,42	139,15	111,83
5 000	870,79	451,88	312,51	243,03	173,94	139,79
6 000	1044,95	542,26	375,02	291,63	208,73	167,75
7 000	1219,10	632,63	437,52	340,24	243,52	195,70
8 000	1393,26	723,01	500,02	388,84	278,30	223,66
9 000	1567,42	813,39	562,52	437,45	313,09	251,62
10 000	1741,58	903,76	625,03	486,06	347,88	279,58
15 000	2612,36	1355,64	937,54	729,08	521,82	419,36
20 000	3483,15	1807,53	1250,05	972,11	695,76	559,15
25 000	4353,94	2259,41	1562,56	1215,14	869,70	698,94
30 000	5224,73	2711,29	1875,08	1458,17	1043,64	838,73
35 000	6095,52	3163,17	2187,59	1701,19	1217,58	978,52
40 000	6966,30	3615,05	2500,10	1944,22	1391,52	1118,30
45 000	7837,09	4066,93	2812,61	2187,25	1565,46	1258,09
50 000	8707,88	4518,82	3125,13	2430,28	1739,40	1397,88
60 000	10449,46	5422,58	3750,15	2916,33	2087,27	1677,46
70 000	12191,03	6326,34	4375,18	3402,39	2435,15	1957,03
80 000	13932,61	7230,10	5000,20	3888,44	2783,03	2236,61
90 000	15674,18	8133,87	5625,23	4374,50	3130,91	2516,18
100 000	17415,76	9037,63	6250,25	4860,55	3478,79	2795,76

Paiement requis pour rembourser mensuellement un prêt personnel **15¼%**

Montant	durée du prêt (en années)					
	5	6	7	8	9	10
500	11,96	10,64	9,72	9,05	8,54	8,14
1 000	23,92	21,28	19,44	18,09	17,07	16,29
2 000	47,84	42,56	38,87	36,18	34,15	32,57
3 000	71,76	63,84	58,31	54,27	51,22	48,86
4 000	95,69	85,12	77,75	72,36	68,29	65,15
5 000	119,61	106,41	97,19	90,45	85,37	81,43
6 000	143,53	127,69	116,62	108,54	102,44	97,72
7 000	167,45	148,97	136,06	126,63	119,52	114,01
8 000	191,37	170,25	155,50	144,72	136,59	130,30
9 000	215,29	191,53	174,94	162,81	153,66	146,58
10 000	239,21	212,81	194,37	180,90	170,74	162,87
15 000	358,82	319,22	291,56	271,35	256,10	244,30
20 000	478,43	425,62	388,75	361,81	341,47	325,74
25 000	598,03	532,03	485,93	452,26	426,84	407,17
30 000	717,64	638,43	583,12	542,71	512,21	488,61
35 000	837,25	744,84	680,31	633,16	597,58	570,04
40 000	956,85	851,24	777,49	723,61	682,94	651,48
45 000	1076,46	957,65	874,68	814,06	768,31	732,91
50 000	1196,07	1064,05	971,87	904,52	853,68	814,35
60 000	1435,28	1276,86	1166,24	1085,42	1024,42	977,21
70 000	1674,49	1489,67	1360,61	1266,32	1195,15	1140,08
80 000	1913,70	1702,48	1554,98	1447,22	1365,89	1302,95
90 000	2152,92	1915,29	1749,36	1628,13	1536,62	1465,82
100 000	2392,13	2128,10	1943,73	1809,03	1707,36	1628,69

15½% Paiement requis pour rembourser mensuellement un prêt personnel

Montant	durée du prêt (en mois)					
	6	12	18	24	36	48
500	87,14	45,25	31,31	24,36	17,46	14,04
1 000	174,28	90,49	62,62	48,72	34,91	28,08
2 000	348,56	180,99	125,24	97,45	69,82	56,17
3 000	522,85	271,48	187,86	146,17	104,73	84,25
4 000	697,13	361,98	250,48	194,90	139,64	112,34
5 000	871,41	452,47	313,10	243,62	174,55	140,42
6 000	1045,69	542,97	375,72	292,35	209,46	168,51
7 000	1219,98	633,46	438,34	341,07	244,37	196,59
8 000	1394,26	723,96	500,96	389,80	279,29	224,68
9 000	1568,54	814,45	563,58	438,52	314,20	252,76
10 000	1742,82	904,95	626,20	487,25	349,11	280,85
15 000	2614,23	1357,42	939,31	730,87	523,66	421,27
20 000	3485,64	1809,89	1252,41	974,49	698,21	561,70
25 000	4357,06	2262,36	1565,51	1218,12	872,77	702,12
30 000	5228,47	2714,84	1878,61	1461,74	1047,32	842,55
35 000	6099,88	3167,31	2191,71	1705,36	1221,87	982,97
40 000	6971,29	3619,78	2504,82	1948,98	1396,43	1123,40
45 000	7842,70	4072,25	2817,92	2192,61	1570,98	1263,82
50 000	8714,11	4524,73	3131,02	2436,23	1745,54	1404,25
60 000	10456,93	5429,67	3757,22	2923,48	2094,64	1685,09
70 000	12199,75	6334,62	4383,43	3410,72	2443,75	1965,94
80 000	13942,58	7239,56	5009,63	3897,97	2792,86	2246,79
90 000	15685,40	8144,51	5635,84	4385,21	3141,96	2527,64
100 000	17428,22	9049,45	6262,04	4872,46	3491,07	2808,49

Paiement requis pour rembourser mensuellement un prêt personnel **15½%**

Montant	5	6	7	8	9	10
			durée du prêt (en années)			
500	12,03	10,71	9,79	9,12	8,61	8,22
1 000	24,05	21,42	19,58	18,24	17,22	16,44
2 000	48,11	42,84	39,16	36,47	34,45	32,88
3 000	72,16	64,25	58,74	54,71	51,67	49,32
4 000	96,21	85,67	78,31	72,94	68,89	65,76
5 000	120,27	107,09	97,89	91,18	86,12	82,21
6 000	144,32	128,51	117,47	109,42	103,34	98,65
7 000	168,37	149,92	137,05	127,65	120,57	115,09
8 000	192,43	171,34	156,63	145,89	137,79	131,53
9 000	216,48	192,76	176,21	164,12	155,01	147,97
10 000	240,53	214,18	195,78	182,36	172,24	164,41
15 000	360,80	321,26	293,68	273,54	258,35	246,62
20 000	481,06	428,35	391,57	364,72	344,47	328,82
25 000	601,33	535,44	489,46	455,90	430,59	411,03
30 000	721,60	642,53	587,35	547,08	516,71	493,23
35 000	841,86	749,61	685,24	638,26	602,83	575,44
40 000	962,13	856,70	783,14	729,44	688,94	657,64
45 000	1082,39	963,79	881,03	820,62	775,06	739,85
50 000	1202,66	1070,88	978,92	911,80	861,18	822,06
60 000	1443,19	1285,05	1174,70	1094,15	1033,42	986,47
70 000	1683,72	1499,23	1370,49	1276,51	1205,65	1150,88
80 000	1924,26	1713,40	1566,27	1458,87	1377,89	1315,29
90 000	2164,79	1927,58	1762,06	1641,23	1550,12	1479,70
100 000	2405,32	2141,75	1957,84	1823,59	1722,36	1644,11

15¾% Paiement requis pour rembourser mensuellement un prêt personnel

Montant	durée du prêt (en mois)					
	6	12	18	24	36	48
500	87,20	45,31	31,37	24,42	17,52	14,11
1 000	174,41	90,61	62,74	48,84	35,03	28,21
2 000	348,81	181,23	125,48	97,69	70,07	56,42
3 000	523,22	271,84	188,22	146,53	105,10	84,64
4 000	697,63	362,45	250,95	195,38	140,13	112,85
5 000	872,03	453,06	313,69	244,22	175,17	141,06
6 000	1046,44	543,68	376,43	293,06	210,20	169,27
7 000	1220,84	634,29	439,17	341,91	245,24	197,49
8 000	1395,25	724,90	501,91	390,75	280,27	225,70
9 000	1569,66	815,51	564,65	439,59	315,30	253,91
10 000	1744,06	906,13	627,38	488,44	350,34	282,12
15 000	2616,09	1359,19	941,08	732,66	525,51	423,19
20 000	3488,13	1812,25	1254,77	976,88	700,67	564,25
25 000	4360,16	2265,32	1568,46	1221,10	875,84	705,31
30 000	5232,19	2718,38	1882,15	1465,31	1051,01	846,37
35 000	6104,22	3171,44	2195,84	1709,53	1226,18	987,43
40 000	6976,25	3624,51	2509,54	1953,75	1401,35	1128,50
45 000	7848,28	4077,57	2823,23	2197 97	1576,52	1269,56
50 000	8720,32	4530,64	3136,92	2442,19	1751,69	1410,62
60 000	10464,38	5436,76	3764,30	2930,63	2102,02	1692,74
70 000	12208,44	6342,89	4391,69	3419,07	2452,36	1974,87
80 000	13952,50	7249,02	5019,07	3907,50	2802,70	2256,99
90 000	15696,57	8155,14	5646,46	4395,94	3153,03	2539,12
100 000	17440,63	9061,27	6273,84	4884,38	3503,37	2821,24

Paiement requis pour rembourser mensuellement un prêt personnel 15¾%

Montant	durée du prêt (en années)					
	5	6	7	8	9	10
500	12,09	10,78	9,86	9,19	8,69	8,30
1 000	24,19	21,55	19,72	18,38	17,37	16,60
2 000	48,37	43,11	39,44	36,76	34,75	33,19
3 000	72,56	64,66	59,16	55,15	52,12	49,79
4 000	96,74	86,22	78,88	73,53	69,50	66,38
5 000	120,93	107,77	98,60	91,91	86,87	82,98
6 000	145,11	129,33	118,32	110,29	104,24	99,57
7 000	169,30	150,88	138,04	128,67	121,62	116,17
8 000	193,48	172,44	157,76	147,06	138,99	132,77
9 000	217,67	193,99	177,48	165,44	156,37	149,36
10 000	241,85	215,54	197,20	183,82	173,74	165,96
15 000	362,78	323,32	295,80	275,73	260,61	248,94
20 000	483,71	431,09	394,40	367,64	347,48	331,92
25 000	604,64	538,86	493,00	459,55	434,35	414,90
30 000	725,56	646,63	591,60	551,46	521,22	497,87
35 000	846,49	754,40	690,20	643,37	608,09	580,85
40 000	967,42	862,18	788,80	735,28	694,96	663,83
45 000	1088,34	969,95	887,40	827,19	781,83	746,81
50 000	1209,27	1077,72	986,00	919,11	868,71	829,79
60 000	1451,12	1293,26	1183,19	1102,93	1042,45	995,75
70 000	1692,98	1508,81	1380,39	1286,75	1216,19	1161,71
80 000	1934,83	1724,35	1577,59	1470,57	1389,93	1327,66
90 000	2176,69	1939,90	1774,79	1654,39	1563,67	1493,62
00 000	2418,54	2155,44	1971,99	1838,21	1737,41	1659,58

16%   Paiement requis pour rembourser mensuellement un prêt personnel

Montant	durée du prêt (en mois)					
	6	12	18	24	36	48
500	87,27	45,37	31,43	24,48	17,58	14,17
1 000	174,53	90,73	62,86	48,96	35,16	28,34
2 000	349,06	181,46	125,71	97,93	70,31	56,68
3 000	523,59	272,19	188,57	146,89	105,47	85,02
4 000	698,12	362,92	251,43	195,85	140,63	113,36
5 000	872,65	453,65	314,28	244,82	175,79	141,70
6 000	1047,18	544,38	377,14	293,78	210,94	170,04
7 000	1221,71	635,12	439,99	342,74	246,10	198,38
8 000	1396,24	725,85	502,85	391,70	281,26	226,72
9 000	1570,77	816,58	565,71	440,67	316,41	255,06
10 000	1745,30	907,31	628,56	489,63	351,57	283,40
15 000	2617,95	1360,96	942,85	734,45	527,36	425,10
20 000	3490,60	1814,62	1257,13	979,26	703,14	566,81
25 000	4363,25	2268,27	1571,41	1224,08	878,93	708,51
30 000	5235,90	2721,92	1885,69	1468,89	1054,71	850,21
35 000	6108,55	3175,58	2199,97	1713,71	1230,50	991,91
40 000	6981,20	3629,23	2514,26	1958,52	1406,28	1133,61
45 000	7853,85	4082,89	2828,54	2203,34	1582,07	1275,31
50 000	8726,51	4536,54	3142,82	2448,16	1757,85	1417,02
60 000	10471,81	5443,85	3771,38	2937,79	2109,42	1700,42
70 000	12217,11	6351,16	4399,95	3427,42	2460,99	1983,82
80 000	13962,41	7258,46	5028,51	3917,05	2812,56	2267,22
90 000	15707,71	8165,77	5657,08	4406,68	3164,13	2550,63
100 000	17453,01	9073,08	6285,34	4896,31	3515,70	2834,03

Paiement requis pour rembourser mensuellement un prêt personnel **16%**

Montant	durée du prêt (en années)					
	5	6	7	8	9	10
500	12,16	10,85	9,93	9,26	8,76	8,38
1 000	24,32	21,69	19,86	18,53	17,53	16,75
2 000	48,64	43,38	39,72	37,06	35,05	33,50
3 000	72,95	65,08	59,59	55,59	52,58	50,25
4 000	97,27	86,77	79,45	74,12	70,10	67,01
5 000	121,59	108,46	99,31	92,64	87,63	83,76
6 000	145,91	130,15	119,17	111,17	105,15	100,51
7 000	170,23	151,84	139,03	129,70	122,68	117,26
8 000	194,54	173,53	158,90	148,23	140,20	134,01
9 000	218,86	195,23	178,76	166,76	157,73	150,76
10 000	243,18	216,92	198,62	185,29	175,25	167,51
15 000	364,77	325,38	297,93	277,93	262,88	251,27
20 000	486,36	433,84	397,24	370,58	350,50	335,03
25 000	607,95	542,30	496,55	463,22	438,13	418,78
30 000	729,54	650,75	595,86	555,86	525,76	502,54
35 000	851,13	759,21	695,17	648,51	613,38	586,30
40 000	972,72	867,67	794,48	741,15	701,01	670,05
45 000	1094,31	976,13	893,79	833,80	788,63	753,81
50 000	1215,90	1084,59	993,10	926,44	876,26	837,57
60 000	1459,08	1301,51	1191,72	1111,73	1051,51	1005,08
70 000	1702,26	1518,43	1390,34	1297,02	1226,76	1172,59
80 000	1945,44	1735,34	1588,96	1482,30	1402,02	1340,10
90 000	2188,62	1952,26	1787,58	1667,59	1577,27	1507,62
100 000	2431,80	2169,18	1986,20	1852,88	1752,52	1675,13

16¼% Paiement requis pour rembourser mensuellement un prêt personnel

Montant	durée du prêt (en mois)					
	6	12	18	24	36	48
500	87,33	45,42	31,49	24,54	17,64	14,23
1 000	174,65	90,85	62,97	49,08	35,28	28,47
2 000	349,31	181,70	125,95	98,17	70,56	56,94
3 000	523,96	272,55	188,92	147,25	105,84	85,41
4 000	698,62	363,40	251,90	196,33	141,12	113,87
5 000	873,27	454,25	314,87	245,41	176,40	142,34
6 000	1047,93	545,10	377,85	294,50	211,68	170,81
7 000	1222,58	635,94	440,82	343,58	246,96	199,28
8 000	1397,24	726,79	503,80	392,66	282,24	227,75
9 000	1571,89	817,64	566,77	441,74	317,53	256,22
10 000	1746,55	908,49	629,75	490,83	352,81	284,69
15 000	2619,82	1362,74	944,62	736,24	529,21	427,03
20 000	3493,09	1816,80	1259,49	981,65	705,61	569,67
25 000	4366,36	2271,23	1574,37	1227,07	882,02	711,71
30 000	5239,64	2725,48	1889,24	1472,48	1058,42	854,06
35 000	6112,91	3179,72	2204,11	1717,89	1234,82	996,40
40 000	6986,18	3633,97	2518,99	1963,31	1411,22	1138,74
45 000	7859,45	4088,21	2833,86	2208,72	1587,63	1281,08
50 000	8732,73	4542,46	3148,74	2454,14	1764,03	1423,43
60 000	10479,27	5450,95	3778,48	2944,96	2116,84	1708,11
70 000	12225,82	6359,44	4408,23	3435,79	2469,64	1992,80
80 000	13972,36	7267,94	5037,98	3926,62	2822,45	2277,48
90 000	15718,91	8176,43	5667,72	4417,44	3175,25	2562,17
100 000	17465,45	9084,92	6297,47	4908,27	3528,06	2846,85

Paiement requis pour rembourser mensuellement un prêt personnel 16¼%

Montant	\multicolumn{6}{c}{durée du prêt (en années)}
	5	**6**	**7**	**8**	**9**	**10**
500	12,23	10,91	10,00	9,34	8,84	8,45
1 000	24,45	21,83	20,00	18,68	17,68	16,91
2 000	48,90	43,66	40,01	37,35	35,35	33,82
3 000	73,35	65,49	60,01	56,03	53,03	50,72
4 000	97,80	87,32	80,02	74,70	70,71	67,63
5 000	122,26	109,15	100,02	93,38	88,39	84,54
6 000	146,71	130,98	120,03	112,06	106,06	101,45
7 000	171,16	152,81	140,03	130,73	123,74	118,35
8 000	195,61	174,64	160,04	149,41	141,42	135,26
9 000	220,06	196,47	180,04	168,08	159,09	152,17
10 000	244,51	218,30	200,05	186,76	176,77	169,08
15 000	366,77	327,45	300,07	280,14	265,16	253,61
20 000	489,02	436,59	400,09	373,52	353,54	338,15
25 000	611,28	545,74	500,12	466,90	441,93	422,69
30 000	733,53	654,89	600,14	560,28	530,31	507,23
35 000	855,79	764,04	700,16	653,66	618,70	591,76
40 000	978,04	873,19	800,19	747,04	707,08	676,30
45 000	1100,30	982,34	900,21	840,42	795,47	760,84
50 000	1222,56	1091,49	1000,24	933,81	883,86	845,38
60 000	1467,07	1309,78	1200,28	1120,57	1060,63	1014,45
70 000	1711,58	1528,08	1400,33	1307,33	1237,40	1183,53
80 000	1956,09	1746,38	1600,38	1494,09	1414,17	1352,60
90 000	2200,60	1964,67	1800,42	1680,85	1590,94	1521,68
100 000	2445,11	2182,97	2000,47	1867,61	1767,71	1690,75

16½% Paiement requis pour rembourser mensuellement un prêt personnel

Montant	6	12	18	24	36	48
500	87,39	45,48	31,55	24,60	17,70	14,30
1 000	174,78	90,97	63,09	49,20	35,40	28,60
2 000	349,56	181,94	126,19	98,40	70,81	57,19
3 000	524,34	272,90	189,28	147,61	106,21	85,79
4 000	699,11	363,87	252,37	196,81	141,62	114,39
5 000	873,89	454,84	315,47	246,01	177,02	142,99
6 000	1048,67	545,81	378,56	295,21	212,43	171,58
7 000	1223,45	636,77	441,65	344,42	247,83	200,18
8 000	1398,23	727,74	504,74	393,62	283,24	228,78
9 000	1573,01	818,71	567,84	442,82	318,64	257,37
10 000	1747,79	909,68	630,93	492,02	354,04	285,97
15 000	2621,68	1364,52	946,40	738,03	531,07	428,96
20 000	3495,57	1819,35	1261,86	984,05	708,09	571,94
25 000	4369,47	2274,19	1577,33	1230,06	885,11	714,93
30 000	5243,36	2729,03	1892,79	1476,07	1062,13	857,91
35 000	6117,25	3183,87	2208,26	1722,08	1239,15	1000,90
40 000	6991,15	3638,71	2523,72	1968,09	1416,18	1143,88
45 000	7865,04	4093,55	2839,19	2214,10	1593,20	1286,87
50 000	8738,94	4548,39	3154,65	2460,12	1770,22	1429,85
60 000	10486,72	5458,06	3785,58	2952,14	2124,26	1715,82
70 000	12234,51	6367,74	4416,51	3444,16	2478,31	2001,79
80 000	13982,30	7277,42	5047,44	3936,18	2832,35	2287,76
90 000	15730,08	8187,09	5678,37	4428,21	3186,40	2573,73
100 000	17477,87	9096,77	6309,30	4920,23	3540,44	2859,70

durée du prêt (en mois)

Paiement requis pour rembourser mensuellement un prêt personnel **16½%**

Montant	durée du prêt (en années)					
	5	6	7	8	9	10
500	12,29	10,98	10,07	9,41	8,91	8,53
1 000	24,58	21,97	20,15	18,82	17,83	17,06
2 000	49,17	43,94	40,30	37,65	35,66	34,13
3 000	73,75	65,90	60,44	56,47	53,49	51,19
4 000	98,34	87,87	80,59	75,30	71,32	68,26
5 000	122,92	109,84	100,74	94,12	89,15	85,32
6 000	147,51	131,81	120,89	112,94	106,98	102,39
7 000	172,09	153,78	141,04	131,77	124,81	119,45
8 000	196,68	175,74	161,18	150,59	142,64	136,51
9 000	221,26	197,71	181,33	169,42	160,47	153,58
10 000	245,85	219,68	201,48	188,24	178,30	170,64
15 000	368,77	329,52	302,22	282,36	267,44	255,96
20 000	491,69	439,36	402,96	376,48	356,59	341,28
25 000	614,61	549,20	503,70	470,60	445,74	426,61
30 000	737,54	659,04	604,44	564,72	534,89	511,93
35 000	860,46	768,88	705,18	658,84	624,03	597,25
40 000	983,38	878,72	805,92	752,96	713,18	682,57
45 000	1106,30	988,56	906,66	847,08	802,33	767,89
50 000	1229,23	1098,41	1007,40	941,20	891,48	853,21
60 000	1475,07	1318,09	1208,87	1129,44	1069,77	1023,85
70 000	1720,92	1537,77	1410,35	1317,68	1248,07	1194,49
80 000	1966,76	1757,45	1611,83	1505,92	1426,36	1365,14
90 000	2212,61	1977,13	1813,31	1694,16	1604,66	1535,78
100 000	2458,45	2196,81	2014,79	1882,40	1782,95	1706,42

16¾% — Paiement requis pour rembourser mensuellement un prêt personnel

Montant	durée du prêt (en mois)					
	6	12	18	24	36	48
500	87,45	45,54	31,61	24,66	17,76	14,36
1 000	174,90	91,09	63,21	49,32	35,53	28,73
2 000	349,81	182,17	126,42	98,64	71,06	57,45
3 000	524,71	273,26	189,63	147,97	106,59	86,18
4 000	699,61	364,34	252,85	197,29	142,11	114,90
5 000	874,52	455,43	316,06	246,61	177,64	143,63
6 000	1049,42	546,52	379,27	295,93	213,17	172,35
7 000	1224,32	637,60	442,48	345,26	248,70	201,08
8 000	1399,22	728,69	505,69	394,58	284,23	229,81
9 000	1574,13	819,77	568,90	443,90	319,76	258,53
10 000	1749,03	910,86	632,12	493,22	355,28	287,26
15 000	2623,55	1366,29	948,17	739,83	532,93	430,89
20 000	3498,06	1821,72	1264,23	986,44	710,57	574,52
25 000	4372,58	2277,15	1580,29	1233,06	888,21	718,15
30 000	5247,09	2732,58	1896,35	1479,67	1065,85	861,77
35 000	6121,61	3188,01	2212,40	1726,28	1243,49	1005,40
40 000	6996,12	3643,44	2528,46	1972,89	1421,14	1149,03
45 000	7870,64	4098,87	2844,52	2219,50	1598,78	1292,66
50 000	8745,16	4554,31	3160,58	2466,11	1776,42	1436,29
60 000	10494,19	5465,17	3792,69	2959,33	2131,70	1723,55
70 000	12243,22	6376,03	4424,81	3452,55	2486,99	2010,81
80 000	13992,25	7286,89	5056,92	3945,78	2842,27	2298,06
90 000	15741,28	8197,75	5689,04	4439,00	3197,56	2585,32
100 000	17490,31	9108,61	6321,15	4932,22	3552,84	2872,58

Paiement requis pour rembourser mensuellement un prêt personnel $16\frac{3}{4}\%$

Montant	durée du prêt (en années)					
	5	6	7	8	9	10
500	12,36	11,05	10,15	9,49	8,99	8,61
1 000	24,72	22,11	20,29	18,97	17,98	17,22
2 000	49,44	44,21	40,58	37,94	35,97	34,44
3 000	74,15	66,32	60,87	56,92	53,95	51,66
4 000	98,87	88,43	81,17	75,89	71,93	68,89
5 000	123,59	110,53	101,46	94,86	89,91	86,11
6 000	148,31	132,64	121,75	113,83	107,90	103,33
7 000	173,03	154,75	142,04	132,81	125,88	120,55
8 000	197,75	176,85	162,33	151,78	143,86	137,77
9 000	222,46	198,96	182,62	170,75	161,84	154,99
10 000	247,18	221,07	202,92	189,72	179,83	172,22
15 000	370,77	331,60	304,37	284,59	269,74	258,32
20 000	494,37	442,14	405,83	379,45	359,65	344,43
25 000	617,96	552,67	507,29	474,31	449,56	430,54
30 000	741,55	663,20	608,75	569,17	539,48	516,65
35 000	865,14	773,74	710,21	664,03	629,39	602,76
40 000	988,73	884,27	811,66	758,90	719,30	688,86
45 000	1112,32	994,81	913,12	853,76	809,21	774,97
50 000	1235,92	1105,34	1014,58	948,62	899,13	861,08
60 000	1483,10	1326,41	1217,50	1138,34	1078,95	1033,30
70 000	1730,28	1547,48	1420,41	1328,07	1258,78	1205,51
80 000	1977,46	1768,54	1623,33	1517,79	1438,60	1377,73
90 000	2224,65	1989,61	1826,24	1707,52	1618,43	1549,94
100 000	2471,83	2210,68	2029,16	1897,24	1798,25	1722,16

17% Paiement requis pour rembourser mensuellement un prêt personnel

Montant	durée du prêt (en mois)					
	6	12	18	24	36	48
500	87,51	45,60	31,67	24,72	17,83	14,43
1 000	175,03	91,20	63,33	49,44	35,65	28,86
2 000	350,05	182,41	126,66	98,88	71,31	57,71
3 000	525,08	273,61	189,99	148,33	106,96	86,57
4 000	700,11	364,82	253,32	197,77	142,61	115,42
5 000	875,14	456,02	316,65	247,21	178,26	144,28
6 000	1050,16	547,23	379,98	296,65	213,92	173,13
7 000	1225,19	638,43	443,31	346,10	249,57	201,99
8 000	1400,22	729,64	506,64	395,54	285,22	230,84
9 000	1575,25	820,84	569,97	444,98	320,88	259,70
10 000	1750,27	912,05	633,30	494,42	356,53	288,55
15 000	2625,41	1368,07	949,95	741,63	534,79	432,83
20 000	3500,55	1824,09	1266,60	988,85	713,06	577,10
25 000	4375,69	2280,12	1583,25	1236,06	891,32	721,38
30 000	5250,82	2736,14	1899,90	1483,27	1069,58	865,65
35 000	6125,96	3192,16	2216,55	1730,48	1247,85	1009,93
40 000	7001,10	3648,19	2533,20	1977,69	1426,11	1154,20
45 000	7876,23	4104,21	2849,85	2224,90	1604,38	1298,48
50 000	8751,37	4560,24	3166,51	2472,12	1782,64	1442,76
60 000	10501,64	5472,28	3799,81	2966,54	2139,17	1731,31
70 000	12251,92	6384,33	4433,11	3460,96	2495,70	2019,86
80 000	14002,19	7296,38	5066,41	3955,38	2852,22	2308,41
90 000	15752,47	8208,42	5699,71	4449,81	3208,75	2596,96
100 000	17502,74	9120,47	6333,01	4944,23	3565,28	2885,51

Paiement requis pour rembourser mensuellement un prêt personnel **17%**

Montant	durée du prêt (en années)					
	5	6	7	8	9	10
500	12,43	11,12	10,22	9,56	9,07	8,69
1 000	24,85	22,25	20,44	19,12	18,14	17,38
2 000	49,71	44,49	40,87	38,24	36,27	34,76
3 000	74,56	66,74	61,31	57,36	54,41	52,14
4 000	99,41	88,98	81,74	76,49	72,54	69,52
5 000	124,26	111,23	102,18	95,61	90,68	86,90
6 000	149,12	133,48	122,61	114,73	108,82	104,28
7 000	173,97	155,72	143,05	133,85	126,95	121,66
8 000	198,82	177,97	163,49	152,97	145,09	139,04
9 000	223,67	200,22	183,92	172,09	163,23	156.42
10 000	248,53	222,46	204,36	191,22	181,36	173,80
15 000	372,79	333,69	306,54	286,82	272,04	260,70
20 000	497,05	444,92	408,72	382,43	362,72	347,60
25 000	621,32	556,16	510,90	478,04	453,41	434,50
30 000	745,58	667,39	613,07	573,65	544,09	521,39
35 000	869,84	778,62	715,25	669,25	634,77	608,29
40 000	994,10	889,85	817,43	764,86	725,45	695,19
45 000	1118,37	1001,08	919,61	860,47	816,13	782,09
50 000	1242,63	1112,31	1021,79	956,08	906,81	868,99
60 000	1491,16	1334,77	1226,15	1147,29	1088,17	1042,79
70 000	1739,68	1557,23	1430,51	1338,51	1269,53	1216,59
80 000	1988,21	1779,70	1634,86	1529,72	1450,90	1390,38
90 000	2236,73	2002,16	1839,22	1720,94	1632,26	1564,18
100 000	2485,26	2224,62	2043,58	1912,15	1813,62	1737,98

17¼% Paiement requis pour rembourser mensuellement un prêt personnel

Montant	durée du prêt (en mois)					
	6	12	18	24	36	48
500	87,58	45,66	31,72	24,78	17,89	14,49
1 000	175,15	91,32	63,45	49,56	35,78	28,98
2 000	350,30	182,65	126,90	99,13	71,55	57,97
3 000	525,46	273,97	190,35	148,69	107,33	86,95
4 000	700,61	365,29	253,80	198,25	143,11	115,94
5 000	875,76	456,62	317,24	247,81	178,89	144,92
6 000	1050,91	547,94	380,69	297,38	214,66	173,91
7 000	1226,06	639,26	444,14	346,94	250,44	202,89
8 000	1401,21	730,59	507,59	396,50	286,22	231,88
9 000	1576,37	821,91	571,04	446,06	322,00	260,86
10 000	1751,52	913,23	634,49	495,63	357,77	289,85
15 000	2627,28	1369,85	951,73	743,44	536,66	434,77
20 000	3503,03	1826,47	1268,98	991,25	715,55	579,69
25 000	4378,79	2283,09	1586,22	1239,06	894,43	724,61
30 000	5254,55	2739,70	1903,46	1486,88	1073,32	869,54
35 000	6130,31	3196,32	2220,71	1734,69	1252,21	1014,46
40 000	7006,07	3652,94	2537,95	1982,50	1431,09	1159,38
45 000	7881,83	4109,55	2855,20	2230,31	1609,98	1304,30
50 000	8757,59	4566,17	3172,44	2478,13	1788,87	1449,23
60 000	10509,10	5479,40	3806,93	2973,75	2146,64	1739,07
70 000	12260,62	6392,64	4441,42	3469,38	2504,41	2028,92
80 000	14012,14	7305,87	5075,90	3965,00	2862,18	2318,76
90 000	15763,65	8219,11	5710,39	4460,63	3219,96	2608,61
100 000	17515,17	9132,34	6344,88	4956,25	3577,73	2898,45

Paiement requis pour rembourser mensuellement un prêt personnel 17¼%

Montant	durée du prêt (en années)					
	5	6	7	8	9	10
500	12,49	11,19	10,29	9,64	9,15	8,77
1 000	24,99	22,39	20,58	19,27	18,29	17,54
2 000	49,97	44,77	41,16	38,54	36,58	35,08
3 000	74,96	67,16	61,74	57,81	54,87	52,62
4 000	99,95	89,54	82,32	77,08	73,16	70,15
5 000	124,94	111,93	102,90	96,36	91,45	87,69
6 000	149,92	134,32	123,48	115,63	109,74	105,23
7 000	174,91	156,70	144,06	134,90	128,03	122,77
8 000	199,90	179,09	164,64	154,17	146,32	140,31
9 000	224,88	201,47	185,22	173,44	164,61	157,85
10 000	249,87	223,86	205,81	192,71	182,91	175,39
15 000	374,81	335,79	308,71	289,07	274,36	263,08
20 000	499,74	447,72	411,61	385,42	365,81	350,77
25 000	624,68	559,65	514,51	481,78	457,26	438,46
30 000	749,62	671,58	617,42	578,13	548,72	526,16
35 000	874,55	783,51	720,32	674,49	640,17	613,85
40 000	999,49	895,44	823,22	770,84	731,62	701,54
45 000	1124,42	1007,37	926,12	867,20	823,07	789,23
50 000	1249,36	1119,30	1029,03	963,55	914,53	876,93
60 000	1499,23	1343,15	1234,83	1156,26	1097,43	1052,31
70 000	1749,10	1567,01	1440,64	1348,97	1280,34	1227,70
80 000	1998,98	1790,87	1646,44	1541,68	1463,24	1403,08
90 000	2248,85	2014,73	1852,25	1734,39	1646,15	1578,47
100 000	2498,72	2238,59	2058,05	1927,10	1829,05	1753,85

Paiement requis pour rembourser mensuellement un prêt personnel

Montant	durée du prêt (en mois)					
	6	12	18	24	36	48
500	87,64	45,72	31,78	24,84	17,95	14,56
1 000	175,28	91,44	63,57	49,68	35,90	29,11
2 000	350,55	182,88	127,14	99,37	71,80	58,23
3 000	525,83	274,33	190,70	149,05	107,71	87,34
4 000	701,11	365,77	254,27	198,73	143,61	116,46
5 000	876,38	457,21	317,84	248,41	179,51	145,57
6 000	1051,66	548,65	381,41	298,10	215,41	174,69
7 000	1226,93	640,10	444,97	347,78	251,31	203,80
8 000	1402,21	731,54	508,54	397,46	287,22	232,92
9 000	1577,49	822,98	572,11	447,15	323,12	262,03
10 000	1752,76	914,42	635,68	496,83	359,02	291,14
15 000	2629,14	1371,63	953,51	745,24	538,53	436,72
20 000	3505,53	1828,84	1271,35	993,66	718,04	582,29
25 000	4381,91	2286,06	1589,19	1242,07	897,55	727,86
30 000	5258,29	2743,27	1907,03	1490,48	1077,06	873,43
35 000	6134,67	3200,48	2224,87	1738,90	1256,57	1019,00
40 000	7011,05	3657,69	2542,70	1987,31	1436,08	1164,58
45 000	7887,43	4114,90	2860,54	2235,73	1615,59	1310,15
50 000	8763,82	4572,11	3178,38	2484,14	1795,10	1455,72
60 000	10516,58	5486,53	3814,06	2980,97	2154,12	1746,86
70 000	12269,34	6400,95	4449,73	3477,80	2513,14	2038,01
80 000	14022,10	7315,38	5085,41	3974,62	2872,16	2329,15
90 000	15774,87	8229,80	5721,08	4471,45	3231,18	2620,30
100 000	17527,63	9144,22	6356,76	4968,28	3590,20	2911,44

Paiement requis pour rembourser mensuellement un prêt personnel **17½%**

Montant	durée du prêt (en années)					
	5	6	7	8	9	10
500	12,56	11,26	10,36	9,71	9,22	8,85
1 000	25,12	22,53	20,73	19,42	18,45	17,70
2 000	50,24	45,05	41,45	38,84	36,89	35,40
3 000	75,37	67,58	62,18	58,26	55,34	53,09
4 000	100,49	90,10	82,90	77,68	73,78	70,79
5 000	125,61	112,63	103,63	97,11	92,23	88,49
6 000	150,73	135,16	124,35	116,53	110,67	106,19
7 000	175,86	157,68	145,08	135,95	129,12	123,89
8 000	200,98	180,21	165,81	155,37	147,56	141,58
9 000	226,10	202,73	186,53	174,79	166,01	159,28
10 000	251,22	225,26	207,26	194,21	184,45	176,98
15 000	376,83	337,89	310,89	291,32	276,68	265,47
20 000	502,44	450,52	414,52	388,42	368,91	353,96
25 000	628,06	563,15	518,15	485,53	461,13	442,45
30 000	753,67	675,78	621,77	582,64	553,36	530,94
35 000	879,28	788,41	725,40	679,74	645,59	619,43
40 000	1004,89	901,04	829,03	776,85	737,81	707,92
45 000	1130,50	1013,67	932,66	873,95	830,04	796,41
50 000	1256,11	1126,30	1036,29	971,06	922,27	884,90
60 000	1507,33	1351,56	1243,55	1165,27	1106,72	1061,87
70 000	1758,55	1576,82	1450,81	1359,48	1291,17	1238,85
80 000	2009,78	1802,08	1658,06	1553,70	1475,62	1415,83
90 000	2261,00	2027,34	1865,32	1747,91	1660,08	1592,81
100 000	2512,22	2252,60	2072,58	1942,12	1844,53	1769,79

17¾% Paiement requis pour rembourser mensuellement un prêt personnel

Montant	durée du prêt (en mois)					
	6	12	18	24	36	48
500	87,70	45,78	31,84	24,90	18,01	14,62
1 000	175,40	91,56	63,69	49,80	36,03	29,24
2 000	350,80	183,12	127,37	99,61	72,05	58,49
3 000	526,20	274,68	191,06	149,41	108,08	87,73
4 000	701,60	366,24	254,75	199,21	144,11	116,98
5 000	877,00	457,81	318,43	249,02	180,14	146,22
6 000	1052,41	549,37	382,12	298,82	216,16	175,47
7 000	1227,81	640,93	445,81	348,62	252,19	204,71
8 000	1403,21	732,49	509,49	398,43	288,22	233,96
9 000	1578,61	824,05	573,18	448,23	324,24	263,20
10 000	1754,01	915,61	636,87	498,03	360,27	292,45
15 000	2631,01	1373,42	955,30	747,05	540,41	438,67
20 000	3508,02	1831,22	1273,73	996,07	720,54	584,89
25 000	4385,02	2289,03	1592,17	1245,09	900,68	731,11
30 000	5262,03	2746,83	1910,60	1494,10	1080,81	877,34
35 000	6139,03	3204,64	2229,03	1743,12	1260,95	1023,56
40 000	7016,04	3662,44	2547,47	1992,14	1441,08	1169,78
45 000	7893,04	4120,25	2865,90	2241,15	1621,22	1316,00
50 000	8770,05	4578,06	3184,34	2490,17	1801,36	1462,23
60 000	10524,05	5493,67	3821,20	2988,20	2161,63	1754,67
70 000	12278,06	6409,28	4458,07	3486,24	2521,90	2047,12
80 000	14032,07	7324,89	5094,94	3984,27	2882,17	2339,56
90 000	15786,08	8240,50	5731,80	4482,31	3242,44	2632,01
100 000	17540,09	9156,11	6368,67	4980,34	3602,71	2924,45

Paiement requis pour rembourser mensuellement un prêt personnel 17¾%

Montant	durée du prêt (en années)					
	5	6	7	8	9	10
500	12,63	11,33	10,44	9,79	9,30	8,93
1 000	25,26	22,67	20,87	19,57	18,60	17,86
2 000	50,52	45,33	41,74	39,14	37,20	35,72
3 000	75,77	68,00	62,61	58,72	55,80	53,57
4 000	101,03	90,67	83,49	78,29	74,40	71,43
5 000	126,29	113,33	104,36	97,86	98,00	89,29
6 000	151,55	136,00	125,23	117,43	111,60	107,15
7 000	176,80	158,67	146,10	137,00	130,21	125,01
8 000	202,06	181,33	166,97	156,58	148,81	142,86
9 000	227,32	204,00	187,84	176,15	167,41	160,72
10 000	252,58	226,67	208,72	195,72	186,01	178,58
15 000	378,86	340,00	313,07	293,58	279,01	267,87
20 000	505,15	453,33	417,43	391,44	372,02	357,16
25 000	631,44	566,67	521,79	489,30	465,02	446,45
30 000	757,73	680,00	626,15	587,16	558,02	535,74
35 000	884,02	793,33	730,51	685,02	651,03	625,03
40 000	1010,30	906,67	834,86	782,88	744,03	714,32
45 000	1136,59	1020,00	939,22	880,74	837,04	803,61
50 000	1262,88	1133,34	1043,58	978,60	930,04	892,90
60 000	1515,46	1380,00	1252,30	1174,32	1116,05	1071,47
70 000	1768,03	1586,67	1461,01	1370,04	1302,06	1250,05
80 000	2020,61	1813,34	1669,73	1565,76	1488,06	1428,63
90 000	2273,18	2040,00	1878,44	1761,48	1674,07	1607,21
100 000	2525,76	2266,67	2087,16	1957,20	1860,08	1785,79

Paiement requis pour rembourser mensuellement un prêt personnel

Montant	durée du prêt (en mois)					
	6	12	18	24	36	48
500	87,76	45,84	31,90	24,96	18,08	14,69
1 000	175,53	91,68	63,81	49,92	36,15	29,38
2 000	351,05	183,36	127,61	99,85	72,30	58,75
3 000	526,58	275,04	191,42	149,77	108,46	88,13
4 000	702,10	366,72	255,22	199,70	144,61	117,50
5 000	877,63	458,40	319,03	249,62	180,76	146,88
6 000	1053,15	550,08	382,83	299,54	216,91	176,25
7 000	1228,68	641,76	446,64	349,47	253,07	205,63
8 000	1404,20	733,44	510,45	399,39	289,22	235,00
9 000	1579,73	825,12	574,25	449,32	325,37	264,38
10 000	1755,25	916,80	638,06	499,24	361,52	293,75
15 000	2632,88	1375,20	957,09	748,86	542,29	440,63
20 000	3510,50	1833,60	1276,11	998,48	723,05	587,50
25 000	4388,13	2292,00	1595,14	1248,10	903,81	734,38
30 000	5265,75	2750,40	1914,17	1497,72	1084,57	881,25
35 000	6143,38	3208,80	2233,20	1747,34	1265,33	1028,13
40 000	7021,00	3667,20	2552,23	1996,96	1446,10	1175,00
45 000	7898,63	4125,60	2871,26	2246,58	1626,86	1321,88
50 000	8776,25	4584,00	3190,29	2496,21	1807,62	1468,75
60 000	10531,50	5500,79	3828,34	2995,45	2169,14	1762,50
70 000	12286,75	6417,59	4466,40	3494,69	2530,67	2056,25
80 000	14042,00	7334,39	5104,46	3993,93	2892,19	2350,00
90 000	15797,25	8251,19	5742,51	4493,17	3253,72	2643,75
100 000	17552,50	9167,99	6380,57	4992,41	3615,24	2937,50

Paiement requis pour rembourser mensuellement un prêt personnel **18%**

Montant	durée du prêt (en années)					
	5	6	7	8	9	10
500	12,70	11,40	10,51	9,86	9,38	9,01
1 000	25,39	22,81	21,02	19,72	18,76	18,02
2 000	50,79	45,62	42,04	39,45	37,51	36,04
3 000	76,18	68,42	63,05	59,17	56,27	54,06
4 000	101,57	91,23	84,07	78,89	75,03	72,07
5 000	126,97	114,04	105,09	98,62	93,78	90,09
6 000	152,36	136,85	126,11	118,34	112,54	108,11
7 000	177,75	159,65	147,12	138,06	131,30	126,13
8 000	203,15	182,46	168,14	157,79	150,06	144,15
9 000	228,54	205,27	189,16	177,51	168,81	162,17
10 000	253,93	228,08	210,18	197,23	187,57	180,19
15 000	380,90	342,12	315,27	295,85	281,35	270,28
20 000	507,87	456,16	420,36	394,46	375,14	360,37
25 000	634,84	570,20	525,45	493,08	468,92	450,46
30 000	761,80	684,23	630,53	591,70	562,71	540,56
35 000	888,77	798,27	735,62	690,31	656,49	630,65
40 000	1015,74	912,31	840,71	788,93	750,28	720,74
45 000	1142,70	1026,35	945,80	887,54	844,06	810,83
50 000	1269,67	1140,39	1050,89	986,16	937,85	900,93
60 000	1523,60	1368,47	1261,07	1183,39	1125,41	1081,11
70 000	1777,54	1596,55	1471,25	1380,62	1312,98	1261,30
80 000	2031,47	1824,62	1681,42	1577,86	1500,55	1441,48
90 000	2285,41	2052,70	1891,60	1775,09	1688,12	1621,67
100 000	2539,34	2280,78	2101,78	1972,32	1875,69	1801,85

18¼%   Paiement requis pour rembourser mensuellement un prêt personnel

Montant	6	12	18	24	36	48
500	87,82	45,90	31,96	25,02	18,14	14,75
1 000	175,65	91,80	63,93	50,04	36,28	29,51
2 000	351,30	183,60	127,85	100,09	72,56	59,01
3 000	526,95	275,40	191,78	150,13	108,83	88,52
4 000	702,60	367,20	255,70	200,18	145,11	118,02
5 000	878,25	459,00	319,63	250,22	181,39	147,53
6 000	1053,90	550,79	383,55	300,27	217,67	177,03
7 000	1229,55	642,59	447,48	350,31	253,95	206,54
8 000	1405,20	734,39	511,40	400,36	290,22	236,05
9 000	1580,85	826,19	575,33	450,40	326,50	265,55
10 000	1756,50	917,99	639,25	500,45	362,78	295,06
15 000	2634,75	1376,99	958,88	750,67	544,17	442,59
20 000	3513,00	1835,98	1278,50	1000,90	725,56	590,12
25 000	4391,25	2294,98	1598,13	1251,12	906,95	737,65
30 000	5269,49	2753,97	1917,75	1501,35	1088,34	885,17
35 000	6147,74	3212,97	2237,38	1751,57	1269,73	1032,70
40 000	7025,99	3671,96	2557,00	2001,80	1451,12	1180,23
45 000	7904,24	4130,96	2876,63	2252,02	1632,51	1327,76
50 000	8782,49	4589,95	3196,25	2502,25	1813,90	1475,29
60 000	10538,99	5507,94	3835,50	3002,69	2176,67	1770,35
70 000	12295,49	6425,93	4474,75	3503,14	2539,45	2065,41
80 000	14051,98	7343,92	5114,00	4003,59	2902,23	2360,46
90 000	15808,48	8261,91	5753,25	4504,04	3265,01	2655,52
100 000	17564,98	9179,90	6392,50	5004,49	3627,79	2950,58

durée du prêt (en mois)

Paiement requis pour rembourser mensuellement un prêt personnel 18¼%

Montant	\multicolumn{6}{c}{durée du prêt (en années)}
	5	6	7	8	9	10
500	12,76	11,47	10,58	9,94	9,46	9,09
1 000	25,53	22,95	21,16	19,88	18,91	18,18
2 000	51,06	45,90	42,33	39,75	37,83	36,36
3 000	76,59	68,85	63,49	59,63	56,74	54,54
4 000	102,12	91,80	84,66	79,50	75,65	72,72
5 000	127,65	114,75	105,82	99,38	94,57	90,90
6 000	153,18	137,70	126,99	119,25	113,48	109,08
7 000	178,71	160,65	148,15	139,13	132,39	127,26
8 000	204,24	183,59	169,32	159,00	151,31	145,44
9 000	229,77	206,54	190,48	178,88	170,22	163,62
10 000	255,30	229,49	211,65	198,75	189,14	181,80
15 000	382,94	344,24	317,47	298,13	283,70	272,70
20 000	510,59	458,99	423,29	397,50	378,27	363,60
25 000	638,24	573,73	529,12	496,88	472,84	454,50
30 000	765,89	688,48	634,94	596,25	567,41	545,39
35 000	893,54	803,23	740,76	695,63	661,97	636,29
40 000	1021,18	917,97	846,58	795,00	756,54	727,19
45 000	1148,83	1032,72	952,41	894,38	851,11	818,09
50 000	1276,48	1147,47	1058,23	993,75	945,68	908,99
60 000	1531,78	1376,96	1269,88	1192,50	1134,81	1090,79
70 000	1787,07	1606,45	1481,52	1391,25	1323,95	1272,59
80 000	2042,37	1835,94	1693,17	1590,00	1513,08	1454,38
90 000	2297,66	2065,44	1904,81	1788,75	1702,22	1636,18
100 000	2552,96	2294,93	2116,46	1987,50	1891,35	1817,98

18½% Paiement requis pour rembourser mensuellement un prêt personnel

	durée du prêt (en mois)					
Montant	6	12	18	24	36	48
500	87,89	45,96	32,02	25,08	18,20	14,82
1 000	175,77	91,92	64,04	50,17	36,40	29,64
2 000	351,55	183,84	128,09	100,33	72,81	59,27
3 000	527,32	275,75	192,13	150,50	109,21	88,91
4 000	703,10	367,67	256,18	200,66	145,61	118,55
5 000	878,87	459,59	320,22	250,83	182,02	148,18
6 000	1054,65	551,51	384,27	301,00	218,42	177,82
7 000	1230,42	643,43	448,31	351,16	254,83	207,46
8 000	1406,19	735,34	512,36	401,33	291,23	237,10
9 000	1581,97	827,26	576,40	451,49	327,63	266,73
10 000	1757,74	919,18	640,44	501,66	364,04	296,37
15 000	2636,61	1378,77	960,67	752,49	546,06	444,55
20 000	3515,48	1838,36	1280,89	1003,32	728,07	592,74
25 000	4394,36	2297,95	1601,11	1254,15	910,09	740,92
30 000	5273,23	2757,54	1921,33	1504,98	1092,11	889,11
35 000	6152,10	3217,13	2241,55	1755,81	1274,13	1037,29
40 000	7030,97	3676,72	2561,78	2006,64	1456,15	1185,48
45 000	7909,84	4136,31	2882,00	2257,47	1638,17	1333,66
50 000	8788,71	4595,91	3202,22	2508,30	1820,19	1481,85
60 000	10546,45	5515,09	3842,66	3009,96	2184,22	1778,21
70 000	12304,19	6434,27	4483,11	3511,62	2548,26	2074,58
80 000	14061,94	7353,45	5123,55	4013,28	2912,30	2370,95
90 000	15819,68	8272,63	5764,00	4514,94	3276,33	2667,32
100 000	17577,42	9191,81	6404,44	5016,60	3640,37	2963,69

Paiement requis pour rembourser mensuellement un prêt personnel 18½%

Montant	durée du prêt (en années)					
	5	6	7	8	9	10
500	12,83	11,55	10,66	10,01	9,54	9,17
1 000	25,67	23,09	21,31	20,03	19,07	18,34
2 000	51,33	46,18	42,62	40,06	38,14	36,68
3 000	77,00	69,27	63,94	60,08	57,21	55,03
4 000	102,66	92,37	85,25	80,11	76,28	73,37
5 000	128,33	115,46	106,56	100,14	95,35	91,71
6 000	154,00	138,55	127,87	120,17	114,42	110,05
7 000	179,66	161,64	149,18	140,19	133,50	128,39
8 000	205,33	184,73	170,50	160,22	152,57	146,73
9 000	231,00	207,82	191,81	180,25	171,64	165,08
10 000	256,66	230,91	213,12	200,28	190,71	183,42
15 000	384,99	346,37	319,68	300,41	286,06	275,13
20 000	513,32	461,83	426,24	400,55	381,42	366,83
25 000	641,66	577,29	532,80	500,69	476,77	458,54
30 000	769,99	692,74	639,36	600,83	572,12	550,25
35 000	898,32	808,20	745,92	700,96	667,48	641,96
40 000	1026,65	923,66	852,48	801,10	762,83	733,67
45 000	1154,98	1039,11	959,04	901,24	858,19	825,38
50 000	1283,31	1154,57	1065,60	1001,38	953,54	917,09
60 000	1539,97	1385,48	1278,71	1201,65	1144,25	1100,50
70 000	1796,63	1616,40	1491,83	1401,93	1334,96	1283,92
80 000	2053,30	1847,31	1704,95	1602,20	1525,66	1467,34
90 000	2309,96	2078,23	1918,07	1802,48	1716,37	1650,75
100 000	2566,62	2309,14	2131,19	2002,75	1907,08	1834,17

18¾% Palement requis pour rembourser mensuellement un prêt personnel

durée du prêt (en mois)

Montant	6	12	18	24	36	48
500	87,95	46,02	32,08	25,14	18,26	14,88
1 000	175,90	92,04	64,16	50,29	36,53	29,77
2 000	351,80	184,07	128,33	100,57	73,06	59,54
3 000	527,70	276,11	192,49	150,86	109,59	89,31
4 000	703,60	368,15	256,66	201,15	146,12	119,07
5 000	879,50	460,19	320,82	251,44	182,65	148,84
6 000	1055,39	552,22	384,98	301,72	219,18	178,61
7 000	1231,29	644,26	449,15	352,01	255,71	208,38
8 000	1407,19	736,30	513,31	402,30	292,24	238,15
9 000	1583,09	828,34	577,48	452,58	328,77	267,92
10 000	1758,99	920,37	641,64	502,87	365,30	297,68
15 000	2638,49	1380,56	962,46	754,31	547,95	446,53
20 000	3517,98	1840,75	1283,28	1005,74	730,59	595,37
25 000	4397,48	2300,93	1604,10	1257,18	913,24	744,21
30 000	5276,97	2761,12	1924,92	1508,62	1095,89	893,05
35 000	6156,47	3221,31	2245,74	1760,05	1278,54	1041,89
40 000	7035,96	3681,49	2566,56	2011,49	1461,19	1190,74
45 000	7915,46	4141,68	2887,38	2262,92	1643,84	1339,58
50 000	8794,95	4601,87	3208,20	2514,36	1826,49	1488,42
60 000	10553,94	5522,24	3849,83	3017,23	2191,78	1786,10
70 000	12312,30	6442,61	4491,47	3520,10	2557,08	2083,79
80 000	14071,92	7362,98	5133,11	4022,98	2922,38	2381,47
90 000	15830,91	8283,36	5774,75	4525,85	3287,67	2679,16
100 000	17589,90	9203,73	6416,39	5028,72	3652,97	2976,84

Paiement requis pour rembourser mensuellement un prêt personnel 18¾%

Montant	durée du prêt (en années)					
	5	6	7	8	9	10
500	12,90	11,62	10,73	10,09	9,61	9,25
1 000	25,80	23,23	21,46	20,18	19,23	18,50
2 000	51,61	46,47	42,92	40,36	38,46	37,01
3 000	77,41	69,70	64,38	60,54	57,69	55,51
4 000	103,21	92,94	85,84	80,72	76,91	74,02
5 000	129,02	116,17	107,30	100,90	96,14	92,52
6 000	154,82	139,40	128,76	121,08	115,37	111,02
7 000	180,62	162,64	150,22	141,26	134,60	129,53
8 000	206,43	185,87	171,68	161,44	153,83	148,03
9 000	232,23	209,10	193,14	181,62	173,06	166,54
10 000	258,03	232,34	214,60	201,80	192,29	185,04
15 000	387,05	348,51	321,90	302,71	288,43	277,56
20 000	516,06	464,68	429,19	403,61	384,57	370,08
25 000	645,08	580,85	536,49	504,51	480,72	462,60
30 000	774,10	697,01	643,79	605,41	576,86	555,12
35 000	903,11	813,18	751,09	706,31	673,00	647,64
40 000	1032,13	929,35	858,39	807,22	769,15	740,16
45 000	1161,14	1045,52	965,69	908,12	865,29	832,68
50 000	1290,16	1161,69	1072,99	1009,02	961,44	925,21
60 000	1548,19	1394,03	1287,58	1210,82	1153,72	1110,25
70 000	1806,22	1626,37	1502,18	1412,63	1346,01	129,29
80 000	2064,26	1858,70	1716,78	1614,43	1538,30	1480,33
90 000	2322,29	2091,04	1931,37	1816,24	1730,58	1665,37
100 000	2580,32	2323,38	2145,97	2018,04	1922,87	1850,41

Paiement requis pour rembourser mensuellement un prêt personnel

Montant	durée du prêt (en mois)					
	6	12	18	24	36	48
500	88,01	46,08	32,14	25,20	18,33	14,95
1 000	176,02	92,16	64,28	50,41	36,66	29,90
2 000	352,05	184,31	128,57	100,82	73,31	59,80
3 000	528,07	276,47	192,85	151,23	109,97	89,70
4 000	704,09	368,63	257,13	201,63	146,62	119,60
5 000	880,12	460,78	321,42	252,04	183,28	149,50
6 000	1056,14	552,94	385,70	302,45	219,94	179,40
7 000	1232,16	645,10	449,98	352,86	256,59	209,30
8 000	1408,19	737,25	514,27	403,27	293,25	239,20
9 000	1584,21	829,41	578,55	453,68	329,90	269,10
10 000	1760,24	921,57	642,84	504,09	366,56	299,00
15 000	2640,35	1382,35	964,25	756,13	549,84	448,50
20 000	3520,47	1843,13	1285,67	1008,17	733,12	598,00
25 000	4400,59	2303,92	1607,09	1260,22	916,40	747,50
30 000	5280,71	2764,70	1928,51	1512,26	1099,68	897,00
35 000	6160,82	3225,48	2249,92	1764,30	1282,96	1046,50
40 000	7040,94	3686,26	2571,40	2016,34	1466,24	1196,00
45 000	7921,06	4147,05	2892,76	2268,39	1649,52	1345,50
50 000	8801,18	4607,83	3214,18	2520,43	1832,80	1495,01
60 000	10561,41	5529,40	3857,01	3024,52	2199,36	1794,01
70 000	12321,65	6450,96	4499,85	3528,60	2565,92	2093,01
80 000	14081,88	7372,53	5142,68	4032,69	2932,48	2392,01
90 000	15842,12	8294,09	5785,52	4536,77	3299,04	2691,01
100 000	17602,35	9215,66	6428,35	5040,86	3665,60	2990,01

Paiement requis pour rembourser mensuellement un prêt personnel **19%**

Montant	durée du prêt (en années)					
	5	**6**	**7**	**8**	**9**	**10**
500	12,97	11,69	10,80	10,17	9,69	9,33
1 000	25,94	23,38	21,61	20,33	19,39	18,67
2 000	51,88	46,75	43,22	40,67	38,77	37,33
3 000	77,82	70,13	64,82	61,00	58,16	56,00
4 000	103,76	93,51	86,43	81,34	77,55	74,67
5 000	129,70	116,88	108,04	101,67	96,94	93,34
6 000	155,64	140,26	129,65	122,00	116,32	112,00
7 000	181,58	163,64	151,26	142,34	135,71	130,67
8 000	207,52	187,01	172,86	162,67	155,10	149,34
9 000	233,46	210,39	194,47	183,00	174,48	168,00
10 000	259,41	233,77	216,08	203,34	193,87	186,67
15 000	389,11	350,65	324,12	305,01	290,81	280,01
20 000	518,81	467,53	432,16	406,68	387,74	373,34
25 000	648,51	584,42	540,20	508,35	484,68	466,68
30 000	778,22	701,30	648,24	610,01	581,61	560,02
35 000	907,92	818,18	756,28	711,68	678,55	653,35
40 000	1037,62	935,07	864,32	813,35	775,48	746,69
45 000	1167,32	1051,95	972,36	915,02	872,42	840,02
50 000	1297,03	1168,84	1080,40	1016,69	969,36	933,36
60 000	1556,43	1402,60	1296,48	1220,03	1163,23	1120,03
70 000	1815,84	1636,37	1512,56	1423,37	1357,10	1306,70
80 000	2075,24	1870,14	1728,64	1626,70	1550,97	1493,38
90 000	2334,65	2103,90	1944,72	1830,04	1744,84	1680,05
100 000	2594,05	2337,67	2160,80	2033,38	1938,71	1866,72

Montant	\multicolumn{6}{c}{durée du prêt (en mois)}
	6	12	18	24	36	48
500	88,07	46,14	32,20	25,27	18,39	15,02
1 000	176,15	92,28	64,40	50,53	36,78	30,03
2 000	352,30	184,55	128,81	101,06	73,57	60,06
3 000	528,45	276,83	193,21	151,59	110,35	90,10
4 000	704,59	369,10	257,61	202,12	147,13	120,13
5 000	880,74	461,38	322,02	252,65	183,91	150,16
6 000	1056,89	553,66	386,42	303,18	220,70	180,19
7 000	1233,04	645,93	450,82	353,71	257,48	210,23
8 000	1409,19	738,21	515,23	404,24	294,26	240,26
9 000	1585,34	830,48	579,63	454,77	331,04	270,29
10 000	1761,49	922,76	644,03	505,30	367,83	300,32
15 000	2642,23	1384,14	966,05	757,95	551,74	450,48
20 000	3522,97	1845,52	1288,06	1010,60	735,65	600,64
25 000	4403,71	2306,90	1610,08	1263,26	919,57	750,81
30 000	5284,46	2768,28	1932,10	1515,91	1103,48	900,97
35 000	6165,20	3229,66	2254,11	1768,56	1287,39	1051,13
40 000	7045,94	3691,04	2576,13	2021,21	1471,30	1201,29
45 000	7926,68	4152,42	2898,14	2273,86	1655,22	1351,45
50 000	8807,43	4613,80	3220,16	2526,51	1839,13	1501,61
60 000	10568,91	5536,55	3864,19	3031,81	2206,96	1801,93
70 000	12330,40	6459,31	4508,22	3537,11	2574,78	2102,25
80 000	14091,88	7382,07	5152,26	4042,42	2942,61	2402,58
90 000	15853,37	8304,83	5796,29	4547,72	3310,43	2702,90
100 000	17614,85	9227,59	6440,32	5053,02	3678,26	3003,22

Paiement requis pour rembourser mensuellement un prêt personnel **19¼%**

Montant	durée du prêt (en années)					
	5	6	7	8	9	10
500	13,04	11,76	10,88	10,24	9,77	9,42
1 000	26,08	23,52	21,76	20,49	19,55	18,83
2 000	52,16	47,04	43,51	40,98	39,09	37,66
3 000	78,23	70,56	65,27	61,46	58,64	56,49
4 000	104,31	94,08	87,03	81,95	78,18	75,32
5 000	130,39	117,60	108,78	102,44	97,73	94,16
6 000	156,47	141,12	130,54	122,93	117,28	112,99
7 000	182,55	164,64	152,30	143,42	136,82	131,82
8 000	208,63	188,16	174,05	163,90	156,37	150,65
9 000	234,70	211,68	195,81	184,39	175,91	169,48
10 000	260,78	235,20	217,57	204,88	195,46	188,31
15 000	391,17	352,80	326,35	307,32	293,19	282,47
20 000	521,57	470,40	435,14	409,76	390,92	376,62
25 000	651,96	588,00	543,92	512,20	488,65	470,78
30 000	782,35	705,60	652,70	614,64	586,38	564,93
35 000	912,74	823,20	761,49	717,08	684,11	659,09
40 000	1043,13	940,80	870,27	819,52	781,84	753,24
45 000	1173,52	1058,40	979,06	921,96	879,57	847,40
50 000	1303,92	1176,01	1087,84	1024,40	977,31	941,55
60 000	1564,70	1411,21	1305,41	1229,27	1172,77	1129,86
70 000	1825,48	1646,41	1522,98	1434,15	1368,23	1318,17
80 000	2086,26	1881,61	1740,54	1639,03	1563,69	1506,48
90 000	2347,05	2116,81	1958,11	1843,91	1759,15	1694,79
100 000	2607,83	2352,01	2175,68	2048,79	1954,61	1883,10

19½% Paiement requis pour rembourser mensuellement un prêt personnel

Montant	durée du prêt (en mois)					
	6	12	18	24	36	48
500	88,14	46,20	32,26	25,33	18,45	15,08
1 000	176,27	92,40	64,52	50,65	36,91	30,16
2 000	352,55	184,79	129,05	101,30	73,82	60,33
3 000	528,82	277,19	193,57	151,96	110,73	90,49
4 000	705,09	369,58	258,09	202,61	147,64	120,66
5 000	881,37	461,98	322,62	253,26	184,55	150,82
6 000	1057,64	554,37	387,14	303,91	221,46	180,99
7 000	1233,91	646,77	451,66	354,56	258,37	211,15
8 000	1410,18	739,16	516,18	405,22	295,27	241,32
9 000	1586,46	831,56	580,71	455,87	332,18	271,48
10 000	1762,73	923,95	645,23	506,52	369,09	301,65
15 000	2644,10	1385,93	967,85	759,78	553,64	452,47
20 000	3525,46	1847,91	1290,46	1013,04	738,19	603,29
25 000	4406,83	2309,89	1613,08	1266,30	922,73	754,12
30 000	5288,19	2771,86	1935,69	1519,56	1107,28	904,94
35 000	6169,56	3233,84	2258,31	1772,82	1291,83	1055,76
40 000	7050,92	3695,82	2580,92	2026,08	1476,37	1206,58
45 000	7932,29	4157,79	2903,54	2279,34	1660,92	1357,41
50 000	8813,66	4619,77	3226,16	2532,60	1845,47	1508,23
60 000	10576,39	5543,72	3871,39	3039,11	2214,56	1809,88
70 000	12339,12	6467,68	4516,62	3545,63	2583,65	2111,52
80 000	14101,85	7391,63	5161,85	4052,15	2952,74	2413,17
90 000	15864,58	8315,59	5807,08	4558,67	3321,84	2714,81
100 000	17627,31	9239,54	6452,31	5065,19	3690,93	3016,46

Paiement requis pour rembourser mensuellement un prêt personnel $19\frac{1}{2}\%$

| Montant | \multicolumn{6}{c}{durée du prêt (en années)} | | | | | |
	5	6	7	8	9	10
500	13,11	11,83	10,95	10,32	9,85	9,50
1 000	26,22	23,66	21,91	20,64	19,71	19,00
2 000	52,43	47,33	43,81	41,29	39,41	37,99
3 000	78,65	70,99	65,72	61,93	59,12	56,99
4 000	104,87	94,66	87,62	82,57	78,82	75,98
5 000	131,08	118,32	109,53	103,21	98,53	94,98
6 000	157,30	141,98	131,44	123,86	118,23	113,97
7 000	183,51	165,65	153,34	144,50	137,94	132,97
8 000	209,73	189,31	175,25	165,14	157,65	151,96
9 000	235,95	212,98	197,15	185,78	177,35	170,96
10 000	262,16	236,64	219,06	206,43	197,06	189,95
15 000	393,25	354,96	328,59	309,64	295,59	284,93
20 000	524,33	473,28	438,12	412,85	394,11	379,90
25 000	655,41	591,60	547,65	516,06	492,64	474,88
30 000	786,49	709,92	657,18	619,28	591,17	569,86
35 000	917,57	828,24	766,71	722,49	689,70	664,83
40 000	1048,66	946,56	876,24	825,70	788,23	759,81
45 000	1179,74	1064,88	985,77	928,91	886,76	854,78
50 000	1310,82	1183,20	1095,31	1032,13	985,29	949,76
60 000	1572,98	1419,83	1314,37	1238,55	1182,34	1139,71
70 000	1835,15	1656,47	1533,43	1444,98	1379,40	1329,66
80 000	2097,31	1893,11	1752,49	1651,40	1576,46	1519,62
90 000	2359,48	2129,75	1971,55	1857,83	1773,51	1709,57
100 000	2621,64	2366,39	2190,61	2064,25	1970,57	1899,52

19¾%   Paiement requis pour rembourser mensuellement un prêt personnel

Montant	durée du prêt (en mois)					
	6	12	18	24	36	48
500	88,20	46,26	32,32	25,39	18,52	15,15
1 000	176,40	92,51	64,64	50,77	37,04	30,30
2 000	352,80	185,03	129,29	101,55	74,07	60,59
3 000	529,19	277,54	193,93	152,32	111,11	90,89
4 000	705,59	370,06	258,57	203,09	148,15	121,19
5 000	881,99	462,57	323,22	253,87	185,18	151,49
6 000	1058,39	555,09	387,86	304,64	222,22	181,78
7 000	1234,79	647,60	452,50	355,42	259,25	212,08
8 000	1411,18	740,12	517,14	406,19	296,29	242,38
9 000	1587,58	832,63	581,79	456,96	333,33	272,68
10 000	1763,98	925,15	646,43	507,74	370,36	302,97
15 000	2645,97	1387,72	969,65	761,61	555,54	454,46
20 000	3527,96	1850,30	1292,86	1015,47	740,73	605,95
25 000	4409,95	2312,87	1616,08	1269,34	925,91	757,43
30 000	5291,94	2775,45	1939,29	1523,21	1111,09	908,92
35 000	6173,93	3238,02	2262,51	1777,08	1296,27	1060,41
40 000	7055,92	3700,60	2585,72	2030,95	1481,45	1211,89
45 000	7937,91	4163,17	2908,94	2284,82	1666,63	1363,38
50 000	8819,90	4625,75	3232,16	2538,69	1851,82	1514,87
60 000	10583,88	5550,89	3878,59	3046,42	2222,18	1817,84
70 000	12347,86	6476,04	4525,02	3554,16	2592,54	2120,81
80 000	14111,84	7401,19	5171,45	4061,90	2962,90	2423,78
90 000	15875,82	8326,34	5817,88	4569,63	3333,27	2726,76
100 000	17639,80	9251,49	6464,31	5077,37	3703,63	3029,73

Paiement requis pour rembourser mensuellement un prêt personnel 19¾%

Montant	durée du prêt (en années)					
	5	6	7	8	9	10
500	13,18	11,90	11,03	10,40	9,93	9,58
1 000	26,36	23,81	22,06	20,80	19,87	19,16
2 000	52,71	47,62	44,11	41,60	39,73	38,32
3 000	79,07	71,42	66,17	62,39	59,60	57,48
4 000	105,42	95,23	88,22	83,19	79,46	76,64
5 000	131,78	119,04	110,28	103,99	99,33	95,80
6 000	158,13	142,85	132,34	124,79	119,19	114,96
7 000	184,49	166,66	154,39	145,58	139,06	134,12
8 000	210,84	190,46	176,45	166,38	158,93	153,28
9 000	237,20	214,27	198,50	187,18	178,79	172,44
10 000	263,55	238,08	220,56	207,98	198,66	191,60
15 000	395,33	357,12	330,84	311,96	297,99	287,40
20 000	527,10	476,16	441,12	415,95	397,32	383,20
25 000	658,88	595,20	551,40	519,94	496,65	479,00
30 000	790,65	714,24	661,68	623,93	595,97	574,80
35 000	922,43	833,28	771,96	727,91	695,30	670,60
40 000	1054,20	952,32	882,24	831,90	794,63	766,40
45 000	1185,98	1071,36	992,52	935,89	893,96	862,20
50 000	1317,75	1190,41	1102,80	1039,88	993,29	958,01
60 000	1581,30	1428,49	1323,35	1247,85	1191,95	1149,61
70 000	1844,85	1666,57	1543,91	1455,83	1390,61	1341,21
80 000	2108,40	1904,65	1764,47	1663,80	1589,26	1532,81
90 000	2371,95	2142,73	1985,03	1871,78	1787,92	1724,41
00 000	2635,50	2380,81	2205,59	2079,75	1986,58	1916,01

20%

Paiement requis pour rembourser mensuellement un prêt personnel

durée du prêt (en mois)

Montant	6	12	18	24	36	48
500	88,26	46,32	32,38	25,45	18,58	15,22
1 000	176,52	92,63	64,76	50,90	37,16	30,43
2 000	353,05	185,27	129,53	101,79	74,33	60,86
3 000	529,57	277,90	194,29	152,69	111,49	91,29
4 000	706,09	370,54	259,05	203,58	148,65	121,72
5 000	882,61	463,17	323,82	254,48	185,82	152,15
6 000	1059,14	555,81	388,58	305,37	222,98	182,58
7 000	1235,66	648,44	453,34	356,27	260,15	213,01
8 000	1412,18	741,08	518,11	407,17	297,31	243,44
9 000	1588,71	833,71	582,87	458,06	334,47	273,87
10 000	1765,23	926,35	647,63	508,96	371,64	304,30
15 000	2647,84	1389,52	971,45	763,44	557,45	456,46
20 000	3530,46	1852,69	1295,26	1017,92	743,27	608,61
25 000	4413,07	2315,86	1619,08	1272,40	929,09	760,76
30 000	5295,68	2779,04	1942,90	1526,87	1114,91	912,91
35 000	6178,30	3242,21	2266,71	1781,35	1300,73	1065,06
40 000	7060,91	3705,38	2590,53	2035,83	1486,54	1217,22
45 000	7943,53	4168,55	2914,34	2290,31	1672,36	1369,37
50 000	8826,14	4631,73	3238,16	2544,79	1858,18	1521,52
60 000	10591,37	5558,07	3885,79	3053,75	2229,82	1825,82
70 000	12356,60	6484,42	4533,42	3562,71	2601,45	2130,13
80 000	14121,82	7410,76	5181,06	4071,66	2973,09	2434,43
90 000	15887,05	8337,11	5828,69	4580,62	3344,72	2738,74
100 000	17652,28	9263,45	6476,32	5089,58	3716,36	3043,04

Palement requis pour rembourser mensuellement un prêt personnel   **20%**

Montant	durée du prêt (en années)					
	5	6	7	8	9	10
500	13,25	11,98	11,10	10,48	10,01	9,66
1 000	26,49	23,95	22,21	20,95	20,03	19,33
2 000	52,99	47,91	44,41	41,91	40,05	38,65
3 000	79,48	71,86	66,62	62,86	60,08	57,98
4 000	105,98	95,81	88,82	83,81	80,11	77,30
5 000	132,47	119,76	111,03	104,77	100,13	96,63
6 000	158,96	143,72	133,24	125,72	120,16	115,95
7 000	185,46	167,67	155,44	146,67	140,19	135,28
8 000	211,95	191,62	177,65	167,63	160,21	154,60
9 000	238,45	215,58	199,86	188,58	180,24	173,93
10 000	264,94	239,53	222,06	209,53	200,27	193,26
15 000	397,41	359,29	333,09	314,30	300,40	289,88
20 000	529,88	479,06	444,12	419,06	400,53	386,51
25 000	662,35	598,82	555,16	523,83	500,66	483,14
30 000	794,82	718,59	666,19	628,60	600,80	579,77
35 000	927,29	838,35	777,22	733,36	700,93	676,40
40 000	1059,76	958,12	888,25	838,13	801,06	773,02
45 000	1192,23	1077,88	999,28	942,89	901,19	869,65
50 000	1324,70	1197,65	1110,31	1047,66	1001,33	966,28
60 000	1589,63	1437,17	1332,37	1257,19	1201,59	1159,54
70 000	1854,57	1676,70	1554,43	1466,72	1401,86	1352,79
80 000	2119,51	1916,23	1776,50	1676,26	1602,12	1546,05
90 000	2384,45	2155,76	1998,56	1885,79	1802,39	1739,30
100 000	2649,39	2395,29	2220,62	2095,32	2002,65	1932,56

20¼%　Palement requis pour rembourser mensuellement un prêt personnel

Montant	durée du prêt (en mois)					
	6	12	18	24	36	48
500	88,32	46,38	32,44	25,51	18,65	15,28
1 000	176,65	92,75	64,88	51,02	37,29	30,56
2 000	353,30	185,51	129,77	102,04	74,58	61,13
3 000	529,94	278,26	194,65	153,05	111,87	91,69
4 000	706,59	371,02	259,53	204,07	149,16	122,25
5 000	883,24	463,77	324,42	255,09	186,46	152,82
6 000	1059,89	556,53	389,30	306,11	223,75	183,38
7 000	1236,53	649,28	454,18	357,13	261,04	213,95
8 000	1413,18	742,03	519,07	408,14	298,33	244,51
9 000	1589,83	834,79	583,95	459,16	335,62	275,07
10 000	1766,48	927,54	648,83	510,18	372,91	305,64
15 000	2649,72	1391,31	973,25	765,27	559,37	458,46
20 000	3532,95	1855,08	1297,67	1020,36	745,82	611,27
25 000	4416,19	2318,86	1622,09	1275,45	932,28	764,09
30 000	5299,43	2782,63	1946,50	1530,54	1118,73	916,91
35 000	6182,67	3246,40	2270,92	1785,63	1305,19	1069,73
40 000	7065,91	3710,17	2595,34	2040,72	1491,64	1222,55
45 000	7949,15	4173,94	2919,75	2295,81	1678,10	1375,37
50 000	8832,39	4637,71	3244,17	2550,90	1864,56	1528,19
60 000	10598,86	5565,25	3893,00	3061,08	2237,47	1833,82
70 000	12365,34	6492,79	4541,84	3571,26	2610,38	2139,46
80 000	14131,82	7420,34	5190,67	4081,44	2983,29	2445,10
90 000	15898,29	8347,88	5839,51	4591,62	3356,20	2750,73
100 000	17664,77	9275,42	6488,34	5101,80	3729,11	3056,37

Paiement requis pour rembourser mensuellement un prêt personnel **20¼%**

Montant	durée du prêt (en années)					
	5	6	7	8	9	10
500	13,32	12,05	11,18	10,55	10,09	9,75
1 000	26,63	24,10	22,36	21,11	20,19	19,49
2 000	53,27	48,20	44,71	42,22	40,38	38,98
3 000	79,90	72,29	67,07	63,33	60,56	58,47
4 000	106,53	96,39	89,43	84,44	80,75	77,97
5 000	133,17	120,49	111,79	105,55	100,94	97,46
6 000	159,80	144,59	134,14	126,66	121,13	116,95
7 000	186,43	168,69	156,50	147,77	141,31	136,44
8 000	213,07	192,78	178,86	168,88	161,50	155,93
9 000	239,70	216,88	201,21	189,98	181,69	175,42
10 000	266,33	240,98	223,57	211,09	201,88	194,92
15 000	399,50	361,47	335,36	316,64	302,82	292,37
20 000	532,66	481,96	447,14	422,19	403,76	389,83
25 000	665,83	602,45	558,93	527,74	504,70	487,29
30 000	799,00	722,94	670,71	633,28	605,63	584,75
35 000	932,16	843,43	782,50	738,83	706,57	682,21
40 000	1065,33	963,92	894,28	844,38	807,51	779,66
45 000	1198,49	1084,41	1006,07	949,92	908,45	877,12
50 000	1331,66	1204,90	1117,85	1055,47	1009,39	974,58
60 000	1597,99	1445,88	1341,42	1266,56	1211,27	1169,50
70 000	1864,32	1686,86	1564,99	1477,66	1413,15	1364,41
80 000	2130,66	1927,84	1788,56	1688,75	1615,02	1559,33
90 000	2396,99	2168,82	2012,13	1899,85	1816,90	1754,24
100 000	2663,32	2409,80	2235,70	2110,94	2018,78	1949,16

20½%   Paiement requis pour rembourser mensuellement un prêt personnel

Montant	durée du prêt (en mois)					
	6	12	18	24	36	48
500	88,39	46,44	32,50	25,57	18,71	15,35
1 000	176,77	92,87	65,00	51,14	37,42	30,70
2 000	353,55	185,75	130,01	102,28	74,84	61,39
3 000	530,32	278,62	195,01	153,42	112,26	92,09
4 000	707,09	371,50	260,02	204,56	149,68	122,79
5 000	883,86	464,37	325,02	255,70	187,09	153,49
6 000	1060,64	557,24	390,02	306,84	224,51	184,18
7 000	1237,41	650,12	455,03	357,98	261,93	214,88
8 000	1414,18	742,99	520,03	409,12	299,35	245,58
9 000	1590,95	835,87	585,03	460,26	336,77	276,28
10 000	1767,73	928,74	650,04	511,40	374,19	306,97
15 000	2651,59	1393,11	975,06	767,11	561,28	460,46
20 000	3535,45	1857,48	1300,08	1022,81	748,38	613,95
25 000	4419,32	2321,85	1625,10	1278,51	935,47	767,44
30 000	5303,18	2786,22	1950,11	1534,21	1122,56	920,92
35 000	6187,04	3250,59	2275,13	1789,91	1309,66	1074,41
40 000	7070,90	3714,96	2600,15	2045,62	1496,75	1227,90
45 000	7954,77	4179,33	2925,17	2301,32	1683,85	1381,38
50 000	8838,63	4643,70	3250,19	2557,02	1870,94	1534,87
60 000	10606,36	5572,44	3900,23	3068,42	2245,13	1841,84
70 000	12374,08	6501,18	4550,27	3579,83	2619,32	2148,82
80 000	14141,81	7429,92	5200,30	4091,23	2993,50	2455,79
90 000	15909,53	8358,66	5850,34	4602,64	3367,69	2762,77
100 000	17677,26	9287,40	6500,38	5114,04	3741,88	3069,74

Palement requis pour rembourser mensuellement un prêt personnel 20½%

Montant	durée du prêt (en années)					
	5	6	7	8	9	10
500	13,39	12,12	11,25	10,63	10,17	9,83
1 000	26,77	24,24	22,51	21,27	20,35	19,66
2 000	53,55	48,49	45,02	42,53	40,70	39,32
3 000	80,32	72,73	67,52	63,80	61,05	58,97
4 000	107,09	96,97	90,03	85,06	81,40	78,63
5 000	133,86	121,22	112,54	106,33	101,75	98,29
6 000	160,64	145,46	135,05	127,60	122,10	117,95
7 000	187,41	169,70	157,56	148,86	142,45	137,61
8 000	214,18	193,95	180,07	170,13	162,80	157,27
9 000	240,96	218,19	202,57	191,39	183,15	176,92
10 000	267,73	242,44	225,08	212,66	203,50	196,58
15 000	401,59	363,65	337,62	318,99	305,24	294,87
20 000	535,46	484,87	450,16	425,32	406,99	393,16
25 000	669,32	606,09	562,71	531,65	508,74	491,46
30 000	803,18	727,31	675,25	637,98	610,49	589,75
35 000	937,05	848,52	787,79	744,31	712,24	688,04
40 000	1070,91	969,74	900,33	850,64	813,98	786,33
45 000	1204,78	1090,96	1012,87	956,97	915,73	884,62
50 000	1338,64	1212,18	1125,41	1063,30	1017,48	982,91
60 000	1606,37	1454,61	1350,49	1275,96	1220,98	1179,49
70 000	1874,10	1697,05	1575,57	1488,62	1424,47	1376,07
80 000	2141,82	1939,48	1800,66	1701,28	1627,97	1572,66
90 000	2409,55	2181,92	2025,74	1913,94	1831,46	1769,24
100 000	2677,28	2424,35	2250,82	2126,60	2034,96	1965,82

129

20¾% Paiement requis pour rembourser mensuellement un prêt personnel

	durée du prêt (en mois)					
Montant	6	12	18	24	36	48
500	88,45	46,50	32,56	25,63	18,77	15,42
1 000	176,90	92,99	65,12	51,26	37,55	30,83
2 000	353,80	185,99	130,25	102,53	75,09	61,66
3 000	530,69	278,98	195,37	153,79	112,64	92,49
4 000	707,59	371,98	260,50	205,05	150,19	123,33
5 000	884,49	464,97	325,62	256,31	187,73	154,16
6 000	1061,39	557,96	390,75	307,58	225,28	184,99
7 000	1238,28	650,96	455,87	358,84	262,83	215,82
8 000	1415,18	743,95	520,99	410,10	300,38	246,65
9 000	1592,08	836,94	586,12	461,37	337,92	277,48
10 000	1768,98	929,94	651,24	512,63	375,47	308,31
15 000	2653,46	1394,91	976,86	768,94	563,20	462,47
20 000	3537,95	1859,88	1302,49	1025,26	750,94	616,63
25 000	4422,44	2324,85	1628,11	1281,57	938,67	770,79
30 000	5306,93	2789,81	1953,73	1537,89	1126,41	924,94
35 000	6191,41	3254,78	2279,35	1794,20	1314,14	1079,10
40 000	7075,90	3719,75	2604,97	2050,52	1501,88	1233,26
45 000	7960,39	4184,72	2930,59	2306,83	1689,61	1387,41
50 000	8844,88	4649,69	3256,22	2563,15	1877,35	1541,57
60 000	10613,85	5579,63	3907,46	3075,77	2252,81	1849,88
70 000	12382,83	6509,57	4558,70	3588,40	2628,28	2158,20
80 000	14151,80	7439,50	5209,94	4101,03	3003,75	2466,51
90 000	15920,78	8369,44	5861,19	4613,66	3379,22	2774,83
100 000	17689,75	9299,38	6512,43	5126,29	3754,69	3083,14

Palement requis pour rembourser mensuellement un prêt personnel 20¾%

Montant	durée du prêt (en années)					
	5	6	7	8	9	10
500	13,46	12,19	11,33	10,71	10,26	9,91
1 000	26,91	24,39	22,66	21,42	20,51	19,83
2 000	53,83	48,78	45,32	42,85	41,02	39,65
3 000	80,74	73,17	67,98	64,27	61,54	59,48
4 000	107,65	97,56	90,64	85,69	82,05	79,30
5 000	134,56	121,95	113,30	107,12	102,56	99,13
6 000	161,48	146,34	135,96	128,54	123,07	118,95
7 000	188,39	170,73	158,62	149,96	143,58	138,78
8 000	215,30	195,12	181,28	171,39	164,10	158,60
9 000	242,22	219,51	203,94	192,81	184,61	178,43
10 000	269,13	243,90	226,60	214,23	205,12	198,25
15 000	403,69	365,84	339,90	321,35	307,68	297,38
20 000	538,26	487,79	453,20	428,47	410,24	396,51
25 000	672,82	609,74	566,50	535,58	512,80	495,64
30 000	807,39	731,69	679,80	642,70	615,36	594,76
35 000	941,95	853,64	793,10	749,82	717,92	693,89
40 000	1076,52	975,58	906,40	856,93	820,48	793,02
45 000	1211,08	1097,53	1019,70	964,05	923,04	892,14
50 000	1345,65	1219,48	1133,00	1071,17	1025,60	991,27
60 000	1614,77	1463,38	1359,60	1285,40	1230,72	1189,52
70 000	1883,90	1707,27	1586,20	1499,63	1435,84	1387,78
80 000	2153,03	1951,17	1812,80	1713,86	1640,96	1586,03
90 000	2422,16	2195,06	2039,40	1928,10	1846,08	1784,29
100 000	2691,29	2438,96	2266,00	2142,33	2051,20	1982,54

21%

Palement requls pour rembourser mensuellement un prêt personnel

Montant	durée du prêt (en mois)					
	6	12	18	24	36	48
500	88,51	46,56	32,62	25,69	18,84	15,48
1 000	177,02	93,11	65,24	51,39	37,68	30,97
2 000	354,05	186,23	130,49	102,77	75,35	61,93
3 000	531,07	279,34	195,73	154,16	113,03	92,90
4 000	708,09	372,46	260,98	205,54	150,70	123,86
5 000	885,11	465,57	326,22	256,93	188,38	154,83
6 000	1062,14	558,68	391,47	308,31	226,05	185,79
7 000	1239,16	651,80	456,71	359,70	263,73	216,76
8 000	1416,18	744,91	521,96	411,09	301,40	247,73
9 000	1593,20	838,02	587,20	462,47	339,08	278,69
10 000	1770,23	931,14	652,45	513,86	376,75	309,66
15 000	2655,34	1396,71	978,67	770,79	565,13	464,49
20 000	3540,45	1862,28	1304,90	1027,71	753,50	619,31
25 000	4425,56	2327,85	1631,12	1284,64	941,88	774,14
30 000	5310,68	2793,41	1957,35	1541,57	1130,25	928,97
35 000	6195,79	3258,98	2283,57	1798,50	1318,63	1083,80
40 000	7080,90	3724,55	2609,80	2055,43	1507,00	1238,63
45 000	7966,01	4190,12	2936,02	2312,36	1695,38	1393,46
50 000	8851,13	4655,69	3262,25	2569,29	1883,76	1548,29
60 000	10621,35	5586,83	3914,69	3083,14	2260,51	1857,94
70 000	12391,58	6517,97	4567,14	3597,00	2637,26	2167,60
80 000	14161,80	7449,10	5219,59	4110,86	3014,01	2477,26
90 000	15932,03	8380,24	5872,04	4624,71	3390,76	2786,91
100 000	17702,25	9311,38	6524,49	5138,57	3767,51	3096,57

Paiement requis pour rembourser mensuellement un prêt personnel — 21%

Montant	durée du prêt (en années)					
	5	6	7	8	9	10
500	13,53	12,27	11,41	10,79	10,34	10,00
1 000	27,05	24,54	22,81	21,58	20,67	19,99
2 000	54,11	49,07	45,62	43,16	41,35	39,99
3 000	81,16	73,61	68,44	64,74	62,02	59,98
4 000	108,21	98,14	91,25	86,32	82,70	79,97
5 000	135,27	122,68	114,06	107,91	103,37	99,97
6 000	162,32	147,22	136,87	129,49	124,05	119,96
7 000	189,37	171,75	159,69	151,07	144,72	139,95
8 000	216,43	196,29	182,50	172,65	165,40	159,95
9 000	243,48	220,82	205,31	194,23	186,07	179,94
10 000	270,53	245,36	228,12	215,81	206,75	199,93
15 000	405,80	368,04	342,18	323,72	310,12	299,90
20 000	541,07	490,72	456,24	431,62	413,50	399,86
25 000	676,34	613,40	570,31	539,53	516,87	499,83
30 000	811,60	736,08	684,37	647,43	620,25	599,80
35 000	946,87	858,76	798,43	755,34	723,62	699,76
40 000	1082,14	981,44	912,49	863,24	827,00	799,73
45 000	1217,40	1104,12	1026,55	971,15	930,37	899,69
50 000	1352,67	1226,80	1140,61	1079,05	1033,75	999,66
60 000	1623,20	1472,16	1368,73	1294,86	1240,49	1199,59
70 000	1893,74	1717,52	1596,85	1510,67	1447,24	1399,52
80 000	2164,27	1962,88	1824,98	1726,48	1653,99	1599,46
90 000	2434,81	2208,24	2053,10	1942,29	1860,74	1799,39
100 000	2705,34	2453,60	2281,22	2158,10	2067,49	1999,32

21½% Palement requis pour rembourser mensuellement un prêt personnel

Montant	durée du prêt (en mois)					
	6	12	18	24	36	48
500	88,64	46,68	32,74	25,82	18,97	15,62
1 000	177,27	93,35	65,49	51,63	37,93	31,24
2 000	354,55	186,71	130,97	103,26	75,86	62,47
3 000	531,82	280,06	196,46	154,89	113,80	93,71
4 000	709,09	373,42	261,95	206,53	151,73	124,94
5 000	886,36	466,77	327,43	258,16	189,66	156,18
6 000	1063,64	560,12	392,92	309,79	227,59	187,41
7 000	1240,91	653,48	458,41	361,42	265,53	218,65
8 000	1418,18	746,83	523,89	413,05	303,46	249,88
9 000	1595,45	840,19	589,38	464,68	341,39	281,12
10 000	1772,73	933,54	654,87	516,32	379,32	312,35
15 000	2659,09	1400,31	982,30	774,47	568,98	468,53
20 000	3545,45	1867,08	1309,73	1032,63	758,65	624,71
25 000	4431,82	2333,85	1637,16	1290,79	948,31	780,88
30 000	5318,18	2800,62	1964,60	1548,95	1137,97	937,06
35 000	6204,54	3267,39	2292,03	1807,11	1327,63	1093,24
40 000	7090,91	3734,16	2619,46	2065,26	1517,29	1249,41
45 000	7977,27	4200,93	2946,89	2323,42	1706,95	1405,59
50 000	8863,64	4667,70	3274,33	2581,58	1896,62	1561,77
60 000	10636,36	5601,23	3929,19	3097,90	2275,94	1874,12
70 000	12409,09	6534,77	4584,06	3614,21	2655,26	2186,47
80 000	14181,82	7468,31	5238,92	4130,53	3034,58	2498,82
90 000	15954,54	8401,85	5893,79	4646,84	3413,91	2811,18
100 000	17727,27	9335,39	6548,65	5163,16	3793,23	3123,53

Paiement requis pour rembourser mensuellement un prêt personnel 21½%

Montant	durée du prêt (en années)					
	5	6	7	8	9	10
500	13,67	12,42	11,56	10,95	10,50	10,17
1 000	27,34	24,83	23,12	21,90	21,00	20,33
2 000	54,67	49,66	46,24	43,80	42,00	40,66
3 000	82,01	74,49	69,35	65,69	63,01	60,99
4 000	109,34	99,32	92,47	87,59	84,01	81,32
5 000	136,68	124,15	115,59	109,49	105,01	101,65
6 000	164,01	148,98	138,71	131,39	126,01	121,98
7 000	191,35	173,81	161,83	153,29	147,02	142,31
8 000	218,68	198,64	184,95	175,18	168,02	162,64
9 000	246,02	223,47	208,06	197,08	189,02	182,97
10 000	273,35	248,30	231,18	218,98	210,02	203,30
15 000	410,03	372,45	346,77	328,47	315,03	304,96
20 000	546,71	496,60	462,36	437,96	420,05	406,61
25 000	683,39	620,76	577,96	547,45	525,06	508,26
30 000	820,06	744,91	693,55	656,94	630,07	609,91
35 000	956,74	869,06	809,14	766,43	735,08	711,56
40 000	1093,42	993,21	924,73	875,92	840,09	813.22
45 000	1230,09	1117,36	1040,32	985,41	945,10	914,87
50 000	1366,77	1241,51	1155,91	1094,91	1050,12	1016,52
60 000	1640,12	1489,81	1387,09	1313,89	1260,14	1219,82
70 000	1913,48	1738,11	1618,27	1532,87	1470,16	1423,13
80 000	2186,83	1986,42	1849,46	1751,85	1680,18	1626,43
90 000	2460,19	2234,72	2080,64	1970,83	1890,21	1829,74
100 000	2733,54	2483,02	2311,82	2189,81	2100,23	2033,04

22%

Paiement requis pour rembourser mensuellement un prêt personnel

Montant	6	12	18	24	36	48
500	88,76	46,80	32,86	25,94	19,10	15,75
1 000	177,52	93,59	65,73	51,88	38,19	31,51
2 000	355,05	187,19	131,46	103,76	76,38	63,01
3 000	532,57	280,78	197,19	155,63	114,57	94,52
4 000	710.09	374,38	262,91	207,51	152,76	126,02
5 000	887,62	467,97	328,64	259,39	190,95	157,53
6 000	1065,14	561,57	394,37	311,27	229,14	189,04
7 000	1242,66	655,16	460,10	363,15	267,33	220,54
8 000	1420,18	748,75	525,83	415,02	305,52	252,05
9 000	1597,71	842,35	591,56	466,90	343,71	283,55
10 000	1775,23	935,94	657,29	518,78	381,90	315,06
15 000	2662,85	1403,91	985,93	778,17	572,86	472,59
20 000	3550,46	1871,89	1314,57	1037,56	763,81	630,12
25 000	4438,08	2339,86	1643,22	1296,95	954,76	787,65
30 000	5325,69	2807,83	1971,86	1556,34	1145,71	945,18
35 000	6213,31	3275,80	2300,50	1815,73	1336,66	1102,71
40 000	7100,92	3743,77	2629,14	2075,12	1527,62	1260,24
45 000	7988,54	4211,74	2957,79	2334,51	1718,57	1417,77
50 000	8876,15	4679,72	3286,43	2593,91	1909,52	1575,31
60 000	10651,38	5615,66	3943,72	3112,69	2291,42	1890,37
70 000	12426,61	6551,60	4601,00	3631,47	2673,33	2205,43
80 000	14201,84	7487,54	5258,29	4150,25	3055,23	2520,49
90 000	15977,07	8423,49	5915,57	4669,03	3437,14	2835,55
100 000	17752,30	9359,43	6572,86	5187,81	3819,04	3150,61

Paiement requis pour rembourser mensuellement un prêt personnel **22%**

Montant	durée du prêt (en années)					
	5	6	7	8	9	10
500	13,81	12,56	11,71	11,11	10,67	10,33
1 000	27,62	25,13	23,43	22,22	21,33	20,67
2 000	55,24	50,25	46,85	44,43	42,66	41,34
3 000	82,86	75,38	70,28	66,65	64,00	62,01
4 000	110,48	100,50	93,70	88,87	85,33	82,68
5 000	138,09	125,63	117,13	111,09	106,66	103,35
6 000	165,71	150,76	140,56	133,30	127,99	124,02
7 000	193,33	175,88	163,98	155,52	149,32	144,69
8 000	220,95	201,01	187,41	177,74	170,66	165,36
9 000	248,57	226,13	210,83	199,95	191,99	186,03
10 000	276,19	251,26	234,26	222,17	213,32	206,70
15 000	414,28	376,89	351,39	333,26	319,98	310,05
20 000	552,38	502,52	468,52	444,34	426,64	413,39
25 000	690,47	628,15	585,65	555,43	533,30	516,74
30 000	828,57	753,78	702,78	666,51	639,96	620,09
35 000	966,66	879,41	819,91	777,60	746,62	723,44
40 000	1104,76	1005,04	937,04	888,68	853,28	826,79
45 000	1242,85	1130,67	1054,17	999,77	959,94	930,14
50 000	1380,95	1256,31	1171,30	1110,86	1066,60	1033,49
60 000	1657,13	1507,57	1405,55	1333,03	1279,91	1240,18
70 000	1933,32	1758,83	1639,81	1555,20	1493,23	1446,88
80 000	2209,51	2010,09	1874,07	1777,37	1706,55	1653,58
90 000	2485,70	2261,35	2108,33	1999,54	1919,87	1860,27
100 000	2761,89	2512,61	2342,59	2221,71	2133,19	2066,97

22½% Paiement requis pour rembourser mensuellement un prêt personnel

Montant	durée du prêt (en mois)					
	6	12	18	24	36	48
500	88,89	46,92	32,99	26,06	19,22	15,89
1 000	177,77	93,84	65,97	52,13	38,45	31,78
2 000	355,55	187,67	131,94	104,25	76,90	63,56
3 000	533,32	281,51	197,91	156,38	115,35	95,33
4 000	711,09	375,34	263,89	208,50	153,80	127,11
5 000	888,87	469,18	329,86	260,63	192,25	158,89
6 000	1066,64	563,01	395,83	312,75	230,70	190,67
7 000	1244,41	656,85	461,80	364,88	269,15	222,45
8 000	1422,19	750,68	527,77	417,00	307,60	254,22
9 000	1599,96	844,52	593,74	469,13	346,05	286,00
10 000	1777,73	938,35	659,71	521,25	384,50	317,78
15 000	2666,60	1407,53	989,57	781,88	576,74	476,67
20 000	3555,47	1876,70	1319,43	1042,51	768,99	635,56
25 000	4444,33	2345,88	1649,28	1303,14	961,24	794,45
30 000	5333,20	2815,05	1979,14	1563,76	1153,49	953,34
35 000	6222,07	3284,23	2309,00	1824,39	1345,74	1112,23
40 000	7110,93	3753,40	2638,85	2085,02	1537,98	1271,12
45 000	7999,80	4222,58	2968,71	2345,64	1730,23	1430,01
50 000	8888,67	4691,76	3298,57	2606,27	1922,48	1588,91
60 000	10666,40	5630,11	3958,28	3127,52	2306,98	1906,69
70 000	12444,13	6568,46	4617,99	3648,78	2691,47	2224,47
80 000	14221,86	7506,81	5277,70	4170,03	3075,97	2542,25
90 000	15999,60	8445,16	5937,42	4691,29	3460,46	2860,03
100 000	17777,33	9383,51	6597,13	5212,54	3844,96	3177,81

Palement requis pour rembourser mensuellement un prêt personnel $22\frac{1}{2}\%$

Montant	durée du prêt (en années)					
	5	6	7	8	9	10
500	13,95	12,71	11,87	11,27	10,83	10,51
1 000	27,90	25,42	23,74	22,54	21,66	21,01
2 000	55,81	50,85	47,47	45,08	43,33	42,02
3 000	83,71	76,27	71,21	67,61	64,99	63,03
4 000	111,62	101,70	94,94	90,15	86,65	84,04
5 000	139,52	127,12	118,68	112,69	108,32	105,06
6 000	167,42	152,54	142,41	135,23	129,98	126,07
7 000	195,33	177,97	166,15	157,77	151,65	147,08
8 000	223,23	203,39	189,88	180,30	173,31	168,09
9 000	251,14	228,81	213,62	202,84	194,97	189,10
10 000	279,04	254,24	237,36	225,38	216,64	210,11
15 000	418,56	381,36	356,03	338,07	324,95	315,17
20 000	558,08	508,48	474,71	450,76	433,27	420,22
25 000	697,60	635,60	593,39	563,45	541,59	525,28
30 000	837,12	762,71	712,07	676,14	649,91	630,34
35 000	976,64	889,83	830,75	788,83	758,23	735,39
40 000	1116,16	1016,95	949,42	901,52	866,54	840,45
45 000	1255,68	1144,07	1068,10	1014,21	974,86	945,50
50 000	1395,20	1271,19	1186,78	1126,91	1083,18	1050,56
60 000	1674,23	1525,43	1424,14	1352,29	1299,82	1260,67
70 000	1953,27	1779,67	1661,49	1577,67	1516,45	1470,78
80 000	2232,31	2033,90	1898,85	1803,05	1733,09	1680,90
90 000	2511,35	2288,14	2136,20	2028,43	1949,72	1891,01
100 000	2790,39	2542,38	2373,56	2253,81	2166,36	2101,12

23%

Paiement requis pour rembourser mensuellement un prêt personnel

Montant	durée du prêt (en mois)					
	6	12	18	24	36	48
500	89,01	47,04	33,11	26,19	19,35	16,03
1 000	178,02	94,08	66,21	52,37	38,71	32,05
2 000	356,05	188,15	132,43	104,75	77,42	64,10
3 000	534,07	282,23	198,64	157,12	116,13	96,15
4 000	712,10	376,31	264,86	209,49	154,84	128,21
5 000	890,12	470,38	331,07	261,87	193,55	160,26
6 000	1068,14	564,46	397,29	314,24	232,26	192,31
7 000	1246,17	658,53	463,50	366,61	270,97	224,36
8 000	1424,19	752,61	529,72	418,99	309,68	256,41
9 000	1602,22	846,69	595,93	471,36	348,39	288,46
10 000	1780,24	940,76	662,14	523,73	387,10	320,52
15 000	2670,36	1411,14	993,22	785,60	580,65	480,77
20 000	3560,48	1881,53	1324,29	1047,47	774,20	641,03
25 000	4450,60	2351,91	1655,36	1309,33	967,75	801,29
30 000	5340,72	2822,29	1986,43	1571,20	1161,29	961,55
35 000	6230,84	3292,67	2317,50	1833,07	1354,84	1121,80
40 000	7120,96	3763,05	2648,58	2094,93	1548,39	1282,06
45 000	8011,08	4233,43	2979,65	2356,80	1741,94	1442,32
50 000	8901,21	4703,82	3310,72	2618,67	1935,49	1602,58
60 000	10681,45	5644,58	3972,86	3142,40	2322,59	1923,09
70 000	12461,69	6585,34	4635,01	3666,13	2709,69	2243,61
80 000	14241,93	7526,10	5297,15	4189,86	3096,78	2564,12
90 000	16022,17	8466,87	5959,30	4713,60	3483,88	2884,64
100 000	17802,41	9407,63	6621,44	5237,33	3870,98	3205,15

Paiement requis pour rembourser mensuellement un prêt personnel **23%**

Montant	durée du prêt (en années)					
	5	6	7	8	9	10
500	14,10	12,86	12,02	11,43	11,00	10,68
1 000	28,19	25,72	24,05	22,86	22,00	21,35
2 000	56,38	51,45	48,09	45,72	43,99	42,71
3 000	84,57	77,17	72,14	68,58	65,99	64,06
4 000	112,76	102,89	96,19	91,44	87,99	85,42
5 000	140,95	128,62	120,24	114,31	109,99	106,77
6 000	169,14	154,34	144,28	137,17	131,98	128,13
7 000	197,33	180,06	168,33	160,03	153,98	149,48
8 000	225,52	205,78	192,38	182,89	175,98	170,84
9 000	253,71	231,51	216,42	205,75	197,98	192,19
10 000	281,91	257,23	240,47	228,61	219,97	213 55
15 000	422,86	385,85	360,71	342,92	329,96	320,32
20 000	563,81	514,46	480,94	457,22	439,95	427,10
25 000	704,76	643,08	601,18	571,53	549,93	533,87
30 000	845,72	771,69	721,42	685,84	659,92	640,64
35 000	986,67	900,31	841,65	800,14	769,91	747,42
40 000	1127,62	1028,92	961,89	914,45	879,89	854,19
45 000	1268,57	1157,54	1082,12	1028,75	989,88	960,97
50 000	1409,53	1286,16	1202,36	1143,06	1099,87	1067,74
60 000	1691,43	1543,39	1442,83	1371,67	1319,84	1281,29
70 000	1973,34	1800,62	1683,30	1600,28	1539,81	1494,84
80 000	2255,24	2057,85	1923,78	1828,90	1759,78	1708,38
90 000	2537,15	2315,08	2164,25	2057,51	1979,76	1921,93
100 000	2819,05	2572,31	2404,72	2286,12	2199,73	2135,48

23½% Paiement requis pour rembourser mensuellement un prêt personnel

Montant	durée du prêt (en mois)					
	6	12	18	24	36	48
500	89,14	47,16	33,23	26,31	19,49	16,16
1 000	178,27	94,32	66,46	52,62	38,97	32,33
2 000	356,55	188,64	132,92	105,24	77,94	64,65
3 000	534,82	282,95	199,37	157,87	116,91	96,98
4 000	713,10	377,27	265,83	210,49	155,88	129,30
5 000	891,37	471,59	332,29	263,11	194,85	161,63
6 000	1069,65	565,91	398,75	315,73	233,82	193,96
7 000	1247,92	660,22	465,21	368,35	272,80	226,28
8 000	1426,20	754,54	531,66	420,97	311,77	258,61
9 000	1604,47	848,86	598,12	473,60	350,74	290,93
10 000	1782,75	943,18	664,58	526,22	389,71	323,26
15 000	2674,12	1414,77	996,87	789,33	584,56	484,89
20 000	3565,50	1886,36	1329,16	1052,44	779,42	646,52
25 000	4456,87	2357,95	1661,45	1315,55	974,27	808,15
30 000	5348,25	2829,53	1993,74	1578,65	1169,12	969,78
35 000	6239,62	3301,12	2326,03	1841,76	1363,98	1131,41
40 000	7131,00	3772,71	2658,32	2104,87	1558,83	1293,04
45 000	8022,37	4244,30	2990,61	2367,98	1753,69	1454,67
50 000	8913,75	4715,89	3322,90	2631,09	1948,54	1616,30
60 000	10696,49	5659,07	3987,48	3157,31	2338,25	1939,56
70 000	12479,24	6602,25	4652,06	3683,53	2727,96	2262,82
80 000	14261,99	7545,42	5316,64	4209,74	3117,66	2586,08
90 000	16044,74	8488,60	5981,22	4735,96	3507,37	2909,34
100 000	17827,49	9431,78	6645,80	5262,18	3897,08	3232,60

Paiement requis pour rembourser mensuellement un prêt personnel 23½%

Montant	durée du prêt (en années)					
	5	6	7	8	9	10
500	14,24	13,01	12,18	11,59	11,17	10,85
1 000	28,48	26,02	24,36	23,19	22,33	21,70
2 000	56,96	52,05	48,72	46,37	44,67	43,40
3 000	85,44	78,07	73,08	69,56	67,00	65,10
4 000	113,91	104,10	97,44	92,74	89,33	86,80
5 000	142,39	130,12	121,80	115,93	111,67	108,50
6 000	170,87	156,14	146,16	139,12	134,00	130,20
7 000	199,35	182,17	170,52	162,30	156,33	151,90
8 000	227,83	208,19	194,88	185,49	178,66	173,60
9 000	256,31	234,22	219,25	208,68	201,00	195,30
10 000	284,79	260,24	243,61	231,86	223,33	217,00
15 000	427,18	390,36	365,41	347,79	335,00	325,51
20 000	569,57	520,48	487,21	463,72	446,66	434,01
25 000	711,96	650,60	609,02	579,66	558,33	542,51
30 000	854,36	780,72	730,82	695,59	669,99	651,01
35 000	996,75	910,84	852,62	811,52	781,66	759,51
40 000	1139,14	1040,96	974,42	927,45	893,32	868,02
45 000	1281,53	1171,08	1096,23	1043,38	1004,99	976,52
50 000	1423,93	1301,21	1218,03	1159,31	1116,66	1085,02
60 000	1708,71	1561,45	1461,64	1391,17	1339,99	1302,02
70 000	1993,50	1821,69	1705,24	1623,03	1563,32	1519,03
80 000	2278,28	2081,93	1948,85	1854,90	1786,65	1736,03
90 000	2563,07	2342,17	2192,45	2086,76	2009,98	1953,04
100 000	2847,85	2602,41	2436,06	2318,62	2233,31	2170,04

Paiement requis pour rembourser mensuellement un prêt personnel

Montant	durée du prêt (en mois)					
	6	12	18	24	36	48
500	89,26	47,28	33,35	26,44	19,62	16,30
1 000	178,53	94,56	66,70	52,87	39,23	32,60
2 000	357,05	189,12	133,40	105,74	78,47	65,20
3 000	535,58	283,68	200,11	158,61	117,70	97,81
4 000	714,10	378,24	266,81	211,48	156,93	130,41
5 000	892,63	472,80	333,51	264,36	196,16	163,01
6 000	1071,15	567,36	400,21	317,23	235,40	195,61
7 000	1249,68	661,92	466,91	370,10	274,63	228,21
8 000	1428,21	756,48	533,62	422,97	313,86	260,81
9 000	1606,73	851,04	600,32	475,84	353,10	293,42
10 000	1785,26	945,60	667,02	528,71	392,33	326,02
15 000	2677,89	1418,39	1000,53	793,07	588,49	489,03
20 000	3570,52	1891,19	1334,04	1057,42	784,66	652,04
25 000	4463,15	2363,99	1667,55	1321,78	980,82	815,05
30 000	5355,77	2836,79	2001,06	1586,13	1176,99	978,05
35 000	6248,40	3309,59	2334,57	1850,49	1373,15	1141,06
40 000	7141,03	3782,38	2668,08	2114,84	1569,32	1304,07
45 000	8033,66	4255,18	3001,59	2379,20	1765,48	1467,08
50 000	8926,29	4727,98	3335,11	2643,56	1961,65	1630,09
60 000	10711,55	5673,58	4002,13	3172,27	2353,97	1956,11
70 000	12496,81	6619,17	4669,15	3700,98	2746,30	2282,13
80 000	14282,06	7564,77	5336,17	4229,69	3138,63	2608,14
90 000	16067,32	8510,36	6003,19	4758,40	3530,96	2934,16
100 000	17852,58	9455,96	6670,21	5287,11	3923,29	3260,18

Paiement requis pour rembourser mensuellement un prêt personnel **24%**

Montant	durée du prêt (en années)					
	5	6	7	8	9	10
500	14,38	13,16	12,34	11,76	11,34	11,02
1 000	28,77	26,33	24,68	23,51	22,67	22,05
2 000	57,54	52,65	49,35	47,03	45,34	44,10
3 000	86,30	78,98	74,03	70,54	68,01	66,14
4 000	115,07	105,31	98,70	94,05	90,68	88,19
5 000	143,84	131,63	123,38	117,57	113,35	110,24
6 000	172,61	157,96	148,05	141,08	136,02	132,29
7 000	201,38	184,29	172,73	164,59	158,70	154,34
8 000	230,14	210,61	197,41	188,10	181,37	176,38
9 000	258,91	236,94	222,08	211,62	204,04	198,43
10 000	287,68	263,27	246,76	235,13	226,71	220,48
15 000	431,52	394,90	370,14	352,70	340,06	330,72
20 000	575,36	526,54	493,52	470,26	453,42	440,96
25 000	719,20	658,17	616,90	587,83	566,77	551,20
30 000	863,04	789,80	740,27	705,39	680,12	661,44
35 000	1006,88	921,44	863,65	822,96	793,48	771,68
40 000	1150,72	1053,07	987,03	940,52	906,83	881,92
45 000	1294,56	1184,71	1110,41	1058,09	1020,19	992,16
50 000	1438,40	1316,34	1233,79	1175,66	1133,54	1102,41
60 000	1726,08	1579,61	1480,55	1410,79	1360,25	1322,89
70 000	2013,76	1842,88	1727,31	1645,92	1586,96	1543,37
80 000	2301,44	2106,14	1974,06	1881,05	1813,66	1763,85
90 000	2589,12	2369,41	2220,82	2116,18	2040,37	1984,33
100 000	2876,80	2632,68	2467,58	2351,31	2267,08	2204,81

24½% Paiement requis pour rembourser mensuellement un prêt personnel

Montant	durée du prêt (en mois)					
	6	12	18	24	36	48
500	89,39	47,40	33,47	26,56	19,75	16,44
1 000	178,78	94,80	66,95	53,12	39,50	32,88
2 000	357,55	189,60	133,89	106,24	78,99	65,76
3 000	536,33	284,41	200,84	159,36	118,49	98,64
4 000	715,11	379,21	267,79	212,48	157,98	131,52
5 000	893,89	474,01	334,73	265,61	197,48	164,39
6 000	1072,66	568,81	401,68	318,73	236,98	197,27
7 000	1251,44	663,61	468,63	371,85	276,47	230,15
8 000	1430,22	758,41	535,57	424,97	315,97	263,03
9 000	1608,99	853,22	602,52	478,09	355,46	295,91
10 000	1787,77	948,02	669,47	531,21	394,96	328,79
15 000	2681,66	1422,03	1004,20	796,82	592,44	493,18
20 000	3575,54	1896,04	1338,93	1062,42	789,92	657,58
25 000	4469,43	2370,05	1673,67	1328,03	987,40	821,97
30 000	5363,31	2844,05	2008,40	1593,63	1184,88	986,37
35 000	6257,20	3318,06	2343,13	1859,24	1382,36	1150,76
40 000	7151,08	3792,07	2677,87	2124,84	1579,84	1315,16
45 000	8044,97	4266,08	3012,60	2390,45	1777,32	1479,55
50 000	8938,86	4740,09	3347,34	2656,05	1974,80	1643,95
60 000	10726,63	5688,11	4016,80	3187,26	2369,75	1972,73
70 000	12514,40	6636,13	4686,27	3718,47	2764,71	2301,52
80 000	14302,17	7584,14	5355,74	4249,68	3159,67	2630,31
90 000	16089,94	8532,16	6025,20	4780,89	3554,63	2959,10
100 000	17877,71	9480,18	6694,67	5312,10	3949,59	3287,89

Paiement requis pour rembourser mensuellement un prêt personnel **24½%**

Montant	durée du prêt (en années)					
	5	**6**	**7**	**8**	**9**	**10**
500	14,53	13,32	12,50	11,92	11,51	11,20
1 000	29,06	26,63	24,99	23,84	23,01	22,40
2 000	58,12	53,26	49,99	47,68	46,02	44,80
3 000	87,18	79,89	74,98	71,53	69,03	67,19
4 000	116,24	106,52	99,97	95,37	92,04	89,59
5 000	145,29	133,16	124,96	119,21	115,05	111,99
6 000	174,35	159,79	149,96	143,05	138,06	134,39
7 000	203,41	186,42	174,95	166,89	161,07	156,78
8 000	232,47	213,05	199,94	190,74	184,08	179,18
9 000	261,53	239,68	224,94	214,58	207,10	201,58
10 000	290,59	266,31	249,93	238,42	230,11	223,98
15 000	435,88	399,47	374,89	357,63	345,16	335,97
20 000	581,18	532,62	499,86	476,84	460,21	447,96
25 000	726,47	665,78	624,82	596,05	575,27	559,95
30 000	871,77	798,94	749,79	715,26	690,32	671,93
35 000	1017,06	932,09	874,75	834,47	805,37	783,92
40 000	1162,36	1065,25	999,72	953,68	920,42	895,91
45 000	1307,65	1198,40	1124,68	1072,89	1035,48	1007,90
50 000	1452,95	1331,56	1249,65	1192,10	1150,53	1119,89
60 000	1743,53	1597,87	1499,57	1430,52	1380,64	1343,87
70 000	2034,12	1864,18	1749,50	1668,94	1610,74	1567,85
80 000	2324,71	2130,50	1999,43	1907,36	1840,85	1791,82
90 000	2615,30	2396,81	2249,36	2145,78	2070,95	2015,80
100 000	2905,89	2663,12	2499,29	2384,20	2301,06	2239,78

25% Palement requis pour rembourser mensuellement un prêt personnel

	durée du prêt (en mois)					
Montant	**6**	**12**	**18**	**24**	**36**	**48**
500	89,51	47,52	33,60	26,69	19,88	16,58
1 000	179,03	95,04	67,19	53,37	39,76	33,16
2 000	358,06	190,09	134,38	106,74	79,52	66,31
3 000	537,08	285,13	201,58	160,11	119,28	99,47
4 000	716,11	380,18	268,77	213,49	159,04	132,63
5 000	895,14	475,22	335,96	266,86	198,80	165,79
6 000	1074,17	570,27	403,15	320,23	238,56	198,94
7 000	1253,20	665,31	470,34	373,60	278,32	232,10
8 000	1432,23	760,35	537,53	426,97	318,08	265,26
9 000	1611,25	855,40	604,73	480,34	357,84	298,41
10 000	1790,28	950,44	671,92	533,72	397,60	331,57
15 000	2685,42	1425,66	1007,88	800,57	596,40	497,36
20 000	3580,56	1900,88	1343,84	1067,43	795,20	663,14
25 000	4475,71	2376,11	1679,80	1334,29	994,00	828,93
30 000	5370,85	2851,33	2015,75	1601,15	1192,79	994,71
35 000	6265,99	3326,55	2351,71	1868,00	1391,59	1160,50
40 000	7161,13	3801,77	2687,67	2134,86	1590,39	1326,28
45 000	8056,27	4276,99	3023,63	2401,72	1789,19	1492,07
50 000	8951,41	4752,21	3359,59	2668,58	1987,99	1657,86
60 000	10741,69	5702,65	4031,51	3202,29	2385,59	1989,43
70 000	12531,97	6653,09	4703,43	3736,01	2783,19	2321,00
80 000	14322,26	7603,54	5375,34	4269,72	3180,78	2652,57
90 000	16112,54	8553,98	6047,26	4803,44	3578,38	2984,14
100 000	17902,82	9504,42	6719,18	5337,15	3975,98	3315,71

Paiement requis pour rembourser mensuellement un prêt personnel

25%

Montant	durée du prêt (en années)					
	5	6	7	8	9	10
500	14,68	13,47	12,66	12,09	11,68	11,37
1 000	29,35	26,94	25,31	24,17	23,35	22,75
2 000	58,70	53,87	50,62	48,35	46,70	45,50
3 000	88,05	80,81	75,93	72,52	70,06	68,25
4 000	117,41	107,75	101,25	96,69	93,41	91,00
5 000	146,76	134,69	126,56	120,86	116,76	113,75
6 000	176,11	161,62	151,87	145,04	140,11	136,50
7 000	205,46	188,56	177,18	169,21	163,47	159,25
8 000	234,81	215,50	202,49	193,38	186,82	181,99
9 000	264,16	242,43	227,80	217,55	210,17	204,74
10 000	293,51	269,37	253,12	241,73	233,52	227,49
15 000	440,27	404,06	379,67	362,59	350,28	341.24
20 000	587,03	538,74	506,23	483,45	467,04	454,99
25 000	733,78	673,43	632,79	604,32	583,81	568,73
30 000	880,54	808,12	759,35	725,18	700,57	682,48
35 000	1027,30	942,80	885,91	845,04	817,33	796,23
40 000	1174,05	1077,49	1012,46	966,90	934,09	909,97
45 000	1320,81	1212,17	1139,02	1087,77	1050,85	1023,72
50 000	1467,57	1346,86	1265,58	1208,63	1167,61	1137,47
60 000	1761,08	1616,23	1518,70	1450,36	1401,13	1364,96
70 000	2054,59	1885,60	1771,81	1692,08	1634,65	1592,45
80 000	2348,10	2154,98	2024,93	1933,81	1868,18	1819,94
90 000	2641,62	2424,35	2278,04	2175,53	2101,70	2047,44
100 000	2935,13	2693,72	2531,16	2417,26	2335,22	2274,93

26%

Paiement requis pour rembourser mensuellement un prêt personnel

Montant	durée du prêt (en mois)					
	6	12	18	24	36	48
500	89,77	47,77	33,84	26,94	20,15	16,86
1 000	179,53	95,53	67,68	53,87	40,29	33,72
2 000	359,06	191,06	135,37	107,75	80,58	67,43
3 000	538,59	286,59	203,05	161,62	120,87	101,15
4 000	718,12	382,12	270,73	215,50	161,16	134,87
5 000	897,66	477,65	338,42	269,37	201,45	168,59
6 000	1077,19	573,18	406,10	323,25	241,74	202,30
7 000	1256,72	668,71	473,78	377,12	282,03	236,02
8 000	1436,25	764,24	541,47	431,00	322,32	269,74
9 000	1615,78	859,77	609,15	484,87	362,62	303,46
10 000	1795,31	955,30	676,84	538,75	402,91	337,17
15 000	2692,97	1432,95	1015,25	808,12	604,36	505,76
20 000	3590,62	1910,60	1353,67	1077,49	805,81	674,35
25 000	4488,28	2388,26	1692,09	1346,87	1007,27	842,93
30 000	5385,94	2865,91	2030,51	1616,24	1208,72	1011,52
35 000	6283,59	3343,56	2368,92	1885,61	1410,17	1180,11
40 000	7181,25	3821,21	2707,34	2154,98	1611,62	1348,69
45 000	8078,90	4298,86	3045,76	2424,36	1813,08	1517,28
50 000	8976,56	4776,51	3384,18	2693,73	2014,53	1685,87
60 000	10771,87	5731,81	4061,01	3232,48	2417,44	2023,04
70 000	12567,18	6687,11	4737,85	3771,22	2820,34	2360,21
80 000	14362,50	7642,42	5414,68	4309,97	3223,25	2697,38
90 000	16157,81	8597,72	6091,52	4848,71	3626,15	3034,56
100 000	17953,12	9553,02	6768,35	5387,46	4029,06	3371,73

Montant	durée du prêt (en années)					
	5	6	7	8	9	10
500	14,97	13,78	12,98	12,42	12,02	11,73
1 000	29,94	27,55	25,95	24,84	24,04	23,46
2 000	59,88	55,11	51,91	49,68	48,08	46,92
3 000	89,82	82,66	77,86	74,52	72,12	70,37
4 000	119,76	110,22	103,82	99,36	96,16	93,83
5 000	149,70	137,77	129,77	124,20	120,21	117,29
6 000	179,64	165,32	155,73	149,04	144,25	140,75
7 000	209,58	192,88	181,68	173,88	168,29	164,21
8 000	239,52	220,43	207,64	198,72	192,33	187,66
9 000	269,46	247,99	233,59	223,56	216,37	211,12
10 000	299,41	275,54	259,55	248,40	240,41	234,58
15 000	449,11	413,31	389,32	372,59	360,62	351,87
20 000	598,81	551,08	519,09	496,79	480,82	469,16
25 000	748,51	688,85	648,86	620,99	601,03	586,45
30 000	898,22	826,62	778,64	745,19	721,23	703,74
35 000	1047,92	964,39	908,41	869,39	841,44	821,03
40 000	1197,62	1102,16	1038,18	993,58	961,64	938,32
45 000	1347,32	1239,93	1167,95	1117,78	1081,85	1055,61
50 000	1497,03	1377,71	1297,73	1241,98	1202,06	1172,91
60 000	1796,43	1653,25	1557,27	1490,38	1442,47	1407,49
70 000	2095,84	1928,79	1816,82	1738,77	1682,88	1642,07
80 000	2395,24	2204,33	2076,36	1987,17	1923,29	1876,65
90 000	2694,65	2479,87	2335,91	2235,56	2163,70	2111,23
100 000	2994,05	2755,41	2595,45	2483,96	2404,11	2345,81

27%   **Paiement requis pour rembourser mensuellement un prêt personnel**

Montant	durée du prêt (en mois)					
	6	**12**	**18**	**24**	**36**	**48**
500	90,02	48,01	34,09	27,19	20,41	17,14
1 000	180,03	96,02	68,18	54,38	40,83	34,28
2 000	360,07	192,03	136,35	108,76	81,65	68,56
3 000	540,10	288,05	204,53	163,14	122,48	102,85
4 000	720,14	384,07	272,71	217,52	163,30	137,13
5 000	900,17	480,09	340,89	271,90	204,13	171,41
6 000	1080,21	576,10	409,06	326,28	244,95	205,69
7 000	1260,24	672,12	477,24	380,66	285,78	239,98
8 000	1440,28	768,14	545,42	435,04	326,60	274,26
9 000	1620,31	864,16	613,59	489,42	367,43	308,54
10 000	1800,35	960,17	681,77	543,80	408,25	342,82
15 000	2700,52	1440,26	1022,66	815,70	612,38	514,23
20 000	3600,70	1920,35	1363,54	1087,60	816,50	685,65
25 000	4500,87	2400,44	1704,43	1359,51	1020,63	857,06
30 000	5401,05	2880,52	2045,32	1631,41	1224,76	1028,47
35 000	6301,22	3360,61	2386,20	1903,31	1428,88	1199,88
40 000	7201,40	3840,70	2727,09	2175,21	1633,01	1371,29
45 000	8101,57	4320,78	3067,97	2447,11	1837,13	1542,70
50 000	9001,75	4800,87	3408,86	2719,01	2041,26	1714,12
60 000	10802,09	5761,04	4090,63	3262,81	2449,51	2056,94
70 000	12602,44	6721,22	4772,40	3806,61	2857,76	2399,76
80 000	14402,79	7681,39	5454,18	4350,42	3266,02	2742,58
90 000	16203,14	8641,57	6135,95	4894,22	3674,27	3085,41
100 000	18003,49	9601,74	6817,72	5438,02	4082,52	3428,23

Paiement requis pour rembourser mensuellement un prêt personnel **27%**

Montant	\multicolumn{6}{c}{durée du prêt (en années)}
	5	6	7	8	9	10
500	15,27	14,09	13,30	12,76	12,37	12,09
1 000	30,54	28,18	26,60	25,51	24,74	24,17
2 000	61,07	56,35	53,21	51,03	49,47	48,35
3 000	91,61	84,53	79,81	76,54	74,21	72,52
4 000	122,14	112,71	106,42	102,05	98,95	96,70
5 000	152,68	140,89	133,02	127,57	123,69	120,87
6 000	183,21	169,06	159,63	153,08	148,42	145,04
7 000	213,75	197,24	186,23	178,60	173,16	169,22
8 000	244,28	225,42	212,83	204,11	197,90	193,39
9 000	274,82	253,60	239,44	229,62	222,63	217,57
10 000	305,35	281,77	266,04	255,14	247,37	241,74
15 000	458,03	422,66	399,06	382,71	371,06	362,61
20 000	610,71	563,55	532,08	510,27	494,74	483,48
25 000	763,38	704,43	665,11	637,84	618,43	604,35
30 000	916,06	845,32	798,13	765,41	742,12	725,22
35 000	1068,74	986,21	931,15	892,98	865,80	846,09
40 000	1221,41	1127,09	1064,17	1020,55	989,49	966,96
45 000	1374,09	1267,98	1197,19	1148,12	1113,17	1087,83
50 000	1526,77	1408,87	1330,21	1275,69	1236,86	1208,70
60 000	1832,12	1690,64	1596,25	1530,82	1484,23	1450,44
70 000	2137,47	1972,41	1862,29	1785,96	1731,60	1692,18
80 000	2442,82	2254,18	2128,34	2041,10	1978,98	1933,92
90 000	2748,18	2535,96	2394,38	2296,23	2226,35	2175,66
100 000	3053,53	2817,73	2660,42	2551,37	2473,72	2417,40

28% — Paiement requis pour rembourser mensuellement un prêt personnel

Montant	durée du prêt (en mois)					
	6	12	18	24	36	48
500	90,27	48,25	34,34	27,44	20,68	17,43
1 000	180,54	96,51	68,67	54,89	41,36	34,85
2 000	361,08	193,01	137,35	109,78	82,73	69,70
3 000	541,62	289,52	206,02	164,67	124,09	104,56
4 000	722,16	386,02	274,69	219,55	165,45	139,41
5 000	902,70	482,53	343,36	274,44	206,82	174,26
6 000	1083,24	579,04	412,04	329,33	248,18	209,11
7 000	1263,78	675,54	480,71	384,22	289,55	243,96
8 000	1444,32	772,05	549,38	439,11	330,91	278,82
9 000	1624,86	868,55	618,06	494,00	372,27	313,67
10 000	1805,40	965,06	686,73	548,89	413,64	348,52
15 000	2708,09	1447,59	1030,09	823,33	620,45	522,78
20 000	3610,79	1930,12	1373,46	1097,77	827,27	697,04
25 000	4513,49	2412,65	1716,82	1372,21	1034,09	871,30
30 000	5416,19	2895,18	2060,19	1646,66	1240,91	1045,56
35 000	6318,88	3377,71	2403,55	1921,10	1447,73	1219,82
40 000	7221,58	3860,24	2746,92	2195,54	1654,54	1394,08
45 000	8124,28	4342,77	3090,28	2469,98	1861,36	1568,34
50 000	9026,98	4825,30	3433,65	2744,43	2068,18	1742,61
60 000	10832,37	5790,36	4120,37	3293,31	2481,82	2091,13
70 000	12637,77	6755,42	4807,10	3842,20	2895,45	2439,65
80 000	14443,16	7720,48	5493,83	4391,08	3309,09	2788,17
90 000	16248,56	8685,54	6180,56	4939,97	3722,72	3136,69
100 000	18053,95	9650,60	6867,29	5488,85	4136,36	3485,21

Paiement requis pour rembourser mensuellement un prêt personnel — **28%**

Montant	durée du prêt (en années)					
	5	6	7	8	9	10
500	15,57	14,40	13,63	13,10	12,72	12,45
1 000	31,14	28,81	27,26	26,19	25,44	24,90
2 000	62,27	57,61	54,52	52,39	50,88	49,79
3 000	93,41	86,42	81,78	78,58	76,32	74,69
4 000	124,54	115,23	109,04	104,78	101,76	99,59
5 000	155,68	144,03	136,30	130,97	127,20	124,48
6 000	186,81	172,84	163,56	157,17	152,64	149,38
7 000	217,95	201,65	190,82	183,36	178,08	174,28
8 000	249,09	230,45	218,08	209,56	203,52	199,17
9 000	280,22	259,26	245,35	235,75	228,96	224,07
10 000	311,36	288,07	272,61	261,95	254,40	248,97
15 000	467,04	432,10	408,91	392,92	381,61	373,45
20 000	622,72	576,14	545,21	523,89	508,81	497,94
25 000	778,40	720,17	681,52	654,87	636,01	622,42
30 000	934,07	864,20	817,82	785,84	763,21	746,90
35 000	1089,75	1008,24	954,12	916,81	890,41	871,39
40 000	1245,43	1152,27	1090,42	1047,78	1017,62	995,87
45 000	1401,11	1296,31	1226,73	1178,76	1144,82	1120,36
50 000	1556,79	1440,34	1363,03	1309,73	1272,02	1244,84
60 000	1868,15	1728,41	1635,64	1571,68	1526,42	1493,81
70 000	2179,51	2016,48	1908,24	1833,62	1780,83	1742,78
80 000	2490,86	2304,54	2180,85	2095,57	2035,23	1991,74
90 000	2802,22	2592,61	2453,45	2357,51	2289,64	2240,71
100 000	3113,58	2880,68	2726,06	2619,46	2544,04	2489,68

Paiement requis pour rembourser mensuellement un prêt personnel

Montant	durée du prêt (en mois)					
	6	12	18	24	36	48
500	90,52	48,50	34,59	27,70	20,95	17,71
1 000	181,04	97,00	69,17	55,40	41,91	35,43
2 000	362,09	193,99	138,34	110,80	83,81	70,85
3 000	543,13	290,99	207,51	166,20	125,72	106,28
4 000	724,18	387,98	276,68	221,60	167,62	141,71
5 000	905,22	484,98	345,85	277,00	209,53	177,13
6 000	1086,27	581,98	415,02	332,40	251,43	212,56
7 000	1267,31	678,97	484,19	387,80	293,34	247,99
8 000	1448,35	775,97	553,36	443,20	335,25	283,41
9 000	1629,40	872,96	622,53	498,59	377,15	318,84
10 000	1810,44	969,96	691,71	553,99	419,06	354,27
15 000	2715,66	1454,94	1037,56	830,99	628,59	531,40
20 000	3620,89	1939,92	1383,41	1107,99	838,11	708,53
25 000	4526,11	2424,90	1729,26	1384,99	1047,64	885,67
30 000	5431,33	2909,88	2075,12	1661,98	1257,17	1062,80
35 000	6336,55	3394,86	2420,97	1938,98	1466,70	1239,93
40 000	7241,77	3879,84	2766,82	2215,98	1676,23	1417,07
45 000	8146,99	4364,82	3112,67	2492,97	1885,76	1594,20
50 000	9052,22	4849,80	3458,53	2769,97	2095,29	1771,34
60 000	10862,66	5819,75	4150,23	3323,96	2514,34	2125,60
70 000	12673,10	6789,71	4841,94	3877,96	2933,40	2479,87
80 000	14483,54	7759,67	5533,64	4431,95	3352,46	2834,14
90 000	16293,99	8729,63	6225,35	4985,95	3771,51	3188,40
100 000	18104,43	9699,59	6917,05	5539,94	4190,57	3542,67

Paiement requis pour rembourser mensuellement un prêt personnel **29%**

Montant	5	6	7	8	9	10
			durée du prêt (en années)			
500	15,87	14,72	13,96	13,44	13,08	12,81
1 000	31,74	29,44	27,92	26,88	26,15	25,63
2 000	63,48	58,89	55,85	53,76	52,30	51,25
3 000	95,23	88,33	83,77	80,65	78,45	76,88
4 000	126,97	117,77	111,69	107,53	104,60	102,50
5 000	158,71	147,21	139,62	134,41	130,75	128,13
6 000	190,45	176,66	167,54	161,29	156,90	153,76
7 000	222,19	206,10	195,47	188,18	183,05	179,38
8 000	253,94	235,54	223,39	215,06	209,20	205,01
9 000	285,68	264,98	251,31	241,94	235,35	230,64
10 000	317,42	294,43	279,24	268,82	261,50	256,26
15 000	476,13	441,64	418,86	403,24	392,25	384,39
20 000	634,84	588,85	558,47	537,65	523,01	512,52
25 000	793,55	736,06	698,09	672,06	653,76	640,66
30 000	952,26	883,28	837,71	806,47	784,51	768,79
35 000	1110,97	1030,49	977,33	940,88	915,26	896,92
40 000	1269,68	1177,70	1116,95	1075,30	1046,01	1025,05
45 000	1428,39	1324,91	1256,57	1209,71	1176,76	1153,18
50 000	1587,10	1472,13	1396,19	1344,12	1307,52	1281,31
60 000	1904,51	1766,55	1675,42	1612,94	1569,02	1537,57
70 000	2221,93	2060,98	1954,66	1881,77	1830,52	1793,83
80 000	2539,35	2355,40	2233,90	2150,59	2092,02	2050,10
90 000	2856,77	2649,83	2513,13	2419,42	2353,53	2306,36
100 000	3174,19	2944,25	2792,37	2688,24	2615,03	2562,62

157

Montant	durée du prêt (en mois)					
	6	12	18	24	36	48
500	90,78	48,74	34,84	27,96	21,23	18,00
1 000	181,55	97,49	69,67	55,91	42,45	36,01
2 000	363,10	194,97	139,34	111,83	84,90	72,01
3 000	544,65	292,46	209,01	167,74	127,35	108,02
4 000	726,20	389,95	278,68	223,65	169,81	144,02
5 000	907,75	487,44	348,35	279,56	212,26	180,03
6 000	1089,30	584,92	418,02	335,48	254,71	216,04
7 000	1270,85	682,41	487,69	391,39	297,16	252,04
8 000	1452,40	779,90	557,36	447,30	339,61	288,05
9 000	1633,95	877,38	627,03	503,22	382,06	324,05
10 000	1815,50	974,87	696,70	559,13	424,52	360,06
15 000	2723,25	1462,31	1045,05	838,69	636,77	540,09
20 000	3631,00	1949,74	1393,40	1118,26	849,03	720,12
25 000	4538,75	2437,18	1741,75	1397,82	1061,29	900,15
30 000	5446,50	2924,61	2090,10	1677,38	1273,55	1080,18
35 000	6354,25	3412,05	2438,45	1956,95	1485,81	1260,21
40 000	7262,00	3899,48	2786,80	2236,51	1698,06	1440,24
45 000	8169,75	4386,92	3135,15	2516,08	1910,32	1620,27
50 000	9077,50	4874,36	3483,51	2795,64	2122,58	1800,30
60 000	10893,00	5849,23	4180,21	3354,77	2547,10	2160,36
70 000	12708,50	6824,10	4876,91	3913,90	2971,61	2520,42
80 000	14524,00	7798,97	5573,61	4473,02	3396,13	2880,48
90 000	16339,50	8773,84	6270,31	5032,15	3820,64	3240,54
100 000	18155,00	9748,71	6967,01	5591,28	4245,16	3600,60

Paiement requis pour rembourser mensuellement un prêt personnel **30%**

Montant	durée du prêt (en années)					
	5	6	7	8	9	10
500	16,18	15,04	14,30	13,79	13,43	13,18
1 000	32,35	30,08	28,59	27,58	26,87	26,36
2 000	64,71	60,17	57,19	55,15	53,73	52,72
3 000	97,06	90,25	85,78	82,73	80,60	79,09
4 000	129,41	120,34	114,37	110,31	107,47	105,45
5 000	161,77	150,42	142,97	137,88	134,33	131,81
6 000	194,12	180,51	171,56	165,46	161,20	158,17
7 000	226,47	210,59	200,15	193,04	188,07	184,53
8 000	258,83	240,67	228,74	220,61	214,93	210,89
9 000	291,18	270,76	257,34	248,19	241,80	237,26
10 000	323,53	300,84	285,93	275,77	268,67	263,62
15 000	485,30	451,26	428,90	413,65	403,00	395,43
20 000	647,07	601,68	571,86	551,53	537,33	527,24
25 000	808,84	752,11	714,83	689,42	671,66	659,05
30 000	970,60	902,53	857,79	827,30	806,00	790,85
35 000	1132,37	1052,95	1000,76	965,18	940,33	922,66
40 000	1294,14	1203,37	1143,72	1103,06	1074,66	1054,47
45 000	1455,90	1353,79	1286,69	1240,95	1208,99	1186,28
50 000	1617,67	1504,21	1429,65	1378,83	1343,33	1318,09
60 000	1941,20	1805,05	1715,58	1654,60	1611,99	1581,71
70 000	2264,74	2105,89	2001,51	1930,36	1880,66	1845,33
80 000	2588,27	2406,74	2287,44	2206,13	2149,32	2108,94
90 000	2911,81	2707,58	2573,37	2481,89	2417,99	2372,56
100 000	3235,34	3008,42	2859,30	2757,66	2686,65	2636,18